法学研究文丛
——宪法学——

女性发展的能力法学进路

谢婧辰 著

知识产权出版社
全国百佳图书出版单位
——北京——

图书在版编目（CIP）数据

女性发展的能力法学进路／谢婧辰著．—北京：知识产权出版社，2023.9
ISBN 978-7-5130-8860-2

Ⅰ.①女… Ⅱ.①谢… Ⅲ.①女性—人权法—研究—中国 Ⅳ.①D922.74

中国国家版本馆 CIP 数据核字（2023）第 145996 号

责任编辑：彭小华　　　　　　　　责任校对：潘凤越
封面设计：智兴设计室　　　　　　责任印制：孙婷婷

女性发展的能力法学进路
谢婧辰　著

出版发行：	知识产权出版社有限责任公司	网　址：	http://www.ipph.cn
社　址：	北京市海淀区气象路50号院	邮　编：	100081
责编电话：	010-82000860 转 8115	责编邮箱：	huapxh@sina.com
发行电话：	010-82000860 转 8101/8102	发行传真：	010-82000893/82005070/82000270
印　刷：	北京建宏印刷有限公司	经　销：	新华书店、各大网上书店及相关专业书店
开　本：	880mm×1230mm 1/32	印　张：	7.375
版　次：	2023年9月第1版	印　次：	2023年9月第1次印刷
字　数：	200千字	定　价：	68.00元
ISBN 978-7-5130-8860-2			

出版权专有　侵权必究
如有印装质量问题，本社负责调换。

二、正义的能力理论 / 031

第二章　比较主义的正义 ‖ 036
第一节　东西差异与价值选择 / 036
一、女性主义的西方中心争议 / 037
二、文化冲突的单一主义谬误 / 041
三、社群主义的价值选择自由 / 044
第二节　社会契约与社会选择 / 047
一、现代法学的社会契约基础 / 048
二、社会选择的比较分析方法 / 051
三、先验主义的非充分必要性 / 054
第三节　公共理性与全球正义 / 056
一、原初状态的局限性 / 057
二、位置客观的相对性 / 060
三、全球正义的开放性 / 064

第三章　性别主体理论重塑 ‖ 068
第一节　女性的法律主体困难 / 069
一、"无性"的法律主体 / 069
二、主体概念的消解 / 072
三、"有性"的女性群体 / 074
第二节　女性的法律主体重构 / 077
一、主体重构的前提 / 077
二、建构主体的操演 / 080
三、不可达成的性别 / 083
第三节　理性的自然主体建构 / 085
一、建构的运动 / 085

目录
CONTENTS

绪论 ‖ 001
 一、问题的由来 / 001
 二、研究价值及意义 / 003
 三、主要研究方法 / 007
 四、文章结构 / 008

第一章 性别正义的提出 ‖ 009
 第一节 平等之理念对比 / 009
  一、西方女性主义法学流派中的平等 / 010
  二、我国女性主义法学流派中的平等 / 014
  三、中外女性主义法学之异同 / 016
 第二节 差异的性别平等 / 018
  一、差异的纵向视角 / 019
  二、差异的实质平等 / 022
  三、差异平等的障碍 / 025
 第三节 可欲的性别正义 / 028
  一、性别正义的证成 / 029

二、集体的议题 / 087

三、自然的理性 / 090

第四章　性别法律制度重置 ‖ 095

第一节　正义的多元价值内涵 / 096

一、多元动机的行为选择 / 096

二、多元目标的权衡评价 / 098

三、多元价值的正义理论 / 101

第二节　能力的最低界限起点 / 103

一、以物质条件为依赖 / 103

二、以核心能力为底线 / 107

三、以充足适当为原则 / 110

第三节　法律的基本制度原理 / 112

一、国家的积极义务 / 113

二、制度的义务分配 / 115

三、法律的基本问题 / 118

第五章　性别社会现实传统 ‖ 121

第一节　性别制度传统 / 122

一、婚姻关系与家事管理 / 123

二、财产收入与政治参与 / 125

三、纲常伦理与刑事立法 / 128

第二节　性别关系现状 / 131

一、婚姻家庭生活 / 132

二、思想文化教育 / 134

三、经济财产状况 / 137

第三节　性别文化遗留 / 140

一、人类发展的基本需要 / 140
　　二、社会发展的历史局限 / 143
　　三、观念变革的传统遗留 / 145

第六章　女性发展的能力法学进路 ‖ 148
第一节　"人的尊严"导向的法律正义 / 149
　　一、性别意识的改造 / 149
　　二、"不平等"的法律正义 / 152
　　三、性别意识"主流化" / 154
第二节　暴力伤害行为的受害人保护 / 157
　　一、家庭暴力的公权力介入 / 157
　　二、性暴力的受害人保护 / 160
　　三、"强迫性交罪"的若干问题 / 163
第三节　歧视侵权行为的法律规制 / 166
　　一、就业机会与劳动所得 / 167
　　二、权利保障与劳动环境 / 170
　　三、生产与劳动资源占有 / 173
第四节　"母职"身份行为的社会保障 / 175
　　一、"母职"的身份"惩罚" / 176
　　二、"母职"成本的社会化 / 179

结　语 ‖ 184

参考文献 ‖ 189

后　记 ‖ 228

绪　论

2022年10月30日，第十三届全国人大常委会第三十七次会议修订通过《中华人民共和国妇女权益保障法》（以下简称《妇女权益保障法》）。这是该法自1992年颁布以来第三次修改，新法已于2023年1月1日起施行。正如法条中写到的，制定、修改这部法律的目的在于保障妇女的合法权益，促进男女平等和妇女全面发展，充分发挥妇女在全面建设社会主义现代化国家中的作用。❶ 中国共产党一直将妇女解放和妇女权益保护视为国家社会整体发展过程中极为重要的一个组成部分。特别是中华人民共和国成立以来，党和政府在推进性别平等与妇女发展方面均已取得显著成效。但妇女发展仍然面临问题与挑战，全面实现性别平等仍然是一项长期的历史任务。

一、问题的由来

习近平总书记多次强调，要坚定不移走中国特色社会主义法治道路，推进全面依法治国，为全面

---

❶ 《妇女权益保障法》第一条。

建设社会主义现代化国家提供有力法治保障。其中自然包括实现性别平等和女性全面发展的重大社会课题。而法律对于女性权益、女性发展的保障是"性别"话题进入法律语境之后才开始的,它们共同的"源头"是 19 世纪末 20 世纪初发端于西方世界的女性主义运动。

对于女性主义,想必大多数人都不会感到陌生。但若说到女性主义法学,或许许多人就没有那么熟知了。事实上,女性主义法学一词来自对英文词组 Feminist Jurisprudence 的翻译。这个概念虽然由来已久,但关于它的准确定义,学界至今都未能达成共识。

自清末以来,西方的女性主义思想随着其他的现代性思想一同被引入中国,推动着当时中国的女性解放与社会变革。但由于种种历史原因,女性主义在之后的一段历史时期内鲜被国内学者提及。直至 1995 年第四次联合国世界妇女大会在北京召开,性别平等问题,或者说女性发展问题才再次引起国内理论界的广泛关注。国内的法学理论家对于性别与法律关系问题的探讨大约也是从彼时开始的。但时至今日,国内的女性主义法学也很难被称为一门相对独立的法学理论学科。

多数的法学学者更倾向于将女性主义法学看作"女性学在法学研究领域的表现形态,属于女性学的分支"❶。但不论分支于何系,究竟是作为法学研究对于性别维度的理论关怀,抑或是女性主义理论对于法律领域的问题探讨,女性主义法学都是由与性别,或者更具体地说是与女性发展有关的法律议题共同构成的。这一点作为最基本的理论共识是毋庸置疑的。由此,为了尽可能周延对性别法律问题的探讨,文章拟对女性主义法学采用最广义的概

---

❶ 孙文恺:《法律的性别分析》,法律出版社,2009,第 172 页。

念外延：它既包括法学理论家涉及性别维度的主张，也包括女性主义学者在法律语境下的见解。

在至今有关性别法律问题的讨论之中，"性别平等"似乎一直占据着核心价值地位。"正义"价值虽从未离开，但"性别正义"的价值主张却并不多见。在这之中，法学理论界关于性别正义的系统探讨大约始自孙文恺教授揭露"平等"的法律难题之后。诚然，平等价值在法律理论上的困难是能够被性别正义破解的。这主要缘于性别正义能够更好地兼容"同一平等"与"差异平等"，而这正是性别平等本身无法实现论证的部分。这也是性别正义的价值主张得以成立的最主要原因。至于性别正义是怎样的一种正义，学界一直未能就这一问题作出具体的回应。

二、研究价值及意义

与法学界对于女性主义相对冷淡的态度不同，社会学对于女性发展问题的关注较多。社会调查的实证研究方法使得其在反映当前国内女性正面临的不平等现状方面具备特殊的理论优势。从近年来的研究成果中不难看出，不论城市女性还是农村女性，在教育、就业、经济收入、医疗卫生、家庭劳动以及社会地位等各个方面仍处于较为明显的性别弱势。对造成这种社会现实的社会意识和社会认知进行进一步分析后发现，近年来传统性别观念的回潮是造成这种社会现实的最主要原因之一。而这种传统性别观念的回潮又和教育、文化、艺术等领域的性别不平等现状脱不开关系：从初等教育的教材内容、高等教育的学科与专业选择，到在校学生的课余时间利用、体育锻炼、偶像崇拜等诸多方面都存在着较为明显的性别差异。这些性别差异基本印证了传统性别观念中关于两性的刻板印象。

若要改变当下社会现实中的性别不平等现象,就不能对这种性别观念放任不理,而必须对其进行相应的改造。这种改造无疑是困难的。但即便困难重重,一个社会的性别意识观念也并非完全不可改造。而排在首要位置的一点,就是必须意识到这种性别意识是需要被改变的。这正是我们提出性别正义价值主张的出发点,也是落脚点。

但我国学界对这一问题的研究却一直进展缓慢。目前,与性别法律关系问题相关的主要著述中,反响较大的有陈明侠、黄列教授主编的《性别与法律研究概论》,周安平教授著的《性别与法律:性别平等的法律进路》,孙文恺教授著的《法律的性别分析》,马姝副教授著的《法律的性别问题研究》以及王新宇教授著的《性别平等与社会公正——一种能力方法的诠释与解读》等。在这之中,《性别与法律研究概论》主要是对各类性别与法律关系研究理论以及与此相关的主要问题、各国相关法律实践的介绍。而《法律的性别问题研究》则以后现代主义的视角,对我国女性主义法学的理论研究现状以及当下不平等的性别法律关系现实进行了部分梳理。事实上,这也是学界为数不多的以女性主义立场讨论性别法律问题的著述之一。同时,它也一针见血地指明了我国女性主义法学研究相对滞后的理论现状——甚至不存在能以女性主义法学冠名的相对独立的学科门类,以至于研究者们不得不对女性主义法学作相对广义的解释,即包括一切与女性,或者说性别话题有关的法学研究。[1]

周安平教授在其著作《性别与法律:性别平等的法律进路》中对于如何实现法律上性别平等的回答尤其值得我们关注。在他

---

[1] 马姝:《法律的性别问题研究》,中国社会科学出版社,2017,第42-62页。

的论述中,将"性别平等"视作法律制度在性别关系领域理应实现的目的价值。或者更进一步说,他持有的是一种更看重两性之间差异、以实现"实质平等"为目的的性别平等观念。这种观点在学界颇具代表性。但孙文恺教授在其著作《法律的性别分析》中却认为,理想中的"平等"更像是一种陷阱,性别正义更具可行性。"之于女人是与'男人'同等的人,但又是不同于男人的'女人'而言,'性别正义'的说法在调适两性关系的问题上更具活力。"[1]"概言之,无视两性差异的形式平等和重视两性差异的实质平等,之于性别正义而言是不可或缺的两个方面。"这种"具有可操作性的性别正义原则,要求我们以承认两性差异为前提实现平等而非消除不平等的方式,来推进性别正义的实现",它"为性别正义的法律进路提供了可能"。[2] 然而,孙文恺教授却没有对性别正义应当是怎样的一种正义作出进一步剖析。

有关能力理论在性别法律领域适用可行性的诠释与解读是王新宇教授在此问题上给出的答案。近年来,在世界范围内引起最广泛关注的关于正义的理论之一是以美国学者玛莎·C. 纳斯鲍姆(Martha C. Nussbaum)教授以及印度学者阿马蒂亚·森(Amartya Sen)教授为代表的能力理论。王新宇教授在其著作中以性别平等与社会公正之间的关系为切入点,详细介绍了森与纳斯鲍姆理论中有关性别平等的部分。但值得注意的是,在森与纳斯鲍姆的能力理论中,他们二人更多使用的是关于正义问题的表述而非平等。因此,不得不说,王新宇教授选择将"性别平等"作为核心话题的做法是值得商榷的。但她似乎也已经注意到,能力理论在更大程度上是关于公平正义话题的讨论。于是,她又在其核心话题中

---

[1] 孙文恺:《法律的性别分析》,法律出版社,2009,第234页。
[2] 孙文恺:《法律的性别分析》,法律出版社,2009,第244页。

加入了"社会公正"的部分。❶

事实上,女性主义法学对于正义的命题其实并不陌生。即便在迄今为止的理论积累中,它似乎都更执着于对性别平等问题的探讨,但也始终未能摆脱正义的价值。由此,大部分学者都愿意认同这样一个观点:抛开正义谈平等的做法是不可能实现的。正是出于这个原因,多数的女性主义法学者认为在性别法律关系中再提正义命题是多此一举。既然性别平等必然涉及对正义问题的讨论,那么性别正义是不是没有必要存在的伪命题,我想答案应该是否定的。

一方面,这是因为平等话题本身就涉及同一平等抑或差异平等的问题讨论。差异平等即为实质上的平等,而对于这种实质平等的判断,就必然需要以另外一种价值标准——公平正义的存在为前提。另一方面,也是更为重要的一点,女性主义法学与其他涉及平等命题的讨论相比,还存在着一个明显的不同:性别法律问题通常涉及两性主体——男性与女性——他们既是相同的,也是不同的。这就意味着男性与女性之间既需要差异平等,也不能没有同一平等。但何时需要平等以何种形式出现,这是平等命题自身很难完成论证的部分。此时,我们就需要再次求助于公平正义的价值判断,以满足现实上的需要。既然在性别法律领域,性别正义比性别平等更具备理论与现实上的双重可欲性,那么我们是不是也应该给予"正义"范畴更多的理论关怀?

能力进路正是这样的一种正义理论:它回应了女性主义法学至今已有的理论与现实困难,并在最大限度上保证了法律在对待女性发展问题上的性别正义。法律意义上的性别正义应当是一种

---

❶ 王新宇:《性别平等与社会公正——一种能力方法的诠释与解读》,中国政法大学出版社,2014,第 203-211 页。

以"人的尊严"为导向的正义,同时它应当能够实现对不正义的性别意识与性别制度的改造。可女性发展也必将是一个长期存在的问题,它涉及一个国家的政治、经济、文化、社会等诸多方面,甚至与主流价值、意识形态等也紧密相关。因此,性别正义的实现依靠的也绝不是法律。

三、主要研究方法

在研究方法上,文章主要采用了交叉研究、实证研究、历史研究、文献研究、比较研究以及批判研究等方法。

女性主义法学,或者说女性发展问题本身就是一个涉及哲学、法学、伦理学、社会学、女性学以及经济学等多个理论面向的复杂问题。在这之中,女性学与伦理学无须过多解释。女性话题必然会涉及有关女性以及两性关系的讨论。而这种讨论也必定是在特定的社会场域之中进行的。依据马克思主义的女性主义理论,女性的经济地位在极大程度上决定着女性的社会地位。因此,经济理论在我们的讨论之中也十分必要。同时,为了尽可能周延地对有关问题进行讨论,我们也势必需要从哲学的角度,对平等、正义等价值问题作出相应的阐释。而女性主义法学归根结底仍是一个法学命题。不管是女性发展还是社会正义的实现都离不开法律制度的支撑。

我们前面提到,社会调查的实证研究方法使得社会学在反映当前国内女性正面临的不平等现状方面具备特殊的理论优势。我们在借鉴这种理论的同时,也应当在研究方法上纳入实证分析的手段。同时,我们还应当对已有的传统女性主义理论以及女性主义运动的相关历史进行必要的梳理,如此才能更加精准地发现问题与解决问题。由此,历史与文献研究方法能够帮助我们克服跨越时空讨论这些问题的现实障碍。另外,女性主义与女性主义法学均是源自西方的舶来品。那么,比较的方法便是其题中应有之义,自然也必不可少。而文章的目的,在于发现现有性别平等理论中的缺陷与困难并代之以性别正义的价值导向,进而构建女性发展的能力法学进路。因此,对理论的部分扬弃与批判也在所难免。

四、文章结构

文章第一章、第二章旨在阐明性别正义的价值原理;第三章、第四章侧重构建性别正义的法律制度;第五章、第六章则在剖析不正义的性别关系的基础上尝试给出实现性别正义的制度完善措施与建议。

具体来说,第一章以已有的传统女性主义理论为切入点,分析中外女性主义法学的异同;并以"差异"为视角,发现现有性别平等理论中的缺陷与不足,引出性别正义的能力理论。第二章围绕女性主义的"西方中心论"话题,引入比较主义的正义价值讨论;并在发展罗尔斯"公共理性"理论的基础上,诠释开放性的全球正义。第三章借助后现代主义的解构与重构,重塑性别正义的法律主体理论。第四章以理性自然的法律主体为出发点,重置法律正义的多元价值内涵,进而构建能力理论下的法律制度框架。第五章在梳理性别制度传统和性别关系现状的基础上,剖析不正义的性别观念由来。第六章以"人的尊严"为价值导向,试图构建性别正义的能力法学进路。

CHAPTER 01 >>
第一章
性别正义的提出

对于法律与性别之间的关系研究，在诸多法律研究的维度当中出现得相对较晚。性别维度之所以能够进入法律研究的领域，主要得益于19世纪末20世纪初发端于西方世界的女性主义运动。[1]而触发这一社会运动的最直接原因便是当时的女性无法在法律上获得与男性平等的权利。这也是此项运动另外一个更为普遍的名称——女权运动的由来。

第一节 平等之理念对比

自从"性别"一词进入法律的语境开始，似乎就和"平等"脱不开关系。然而，正如大家所熟知

---

[1] 据西方学者考证，最早的女性主义思潮大约出现在15世纪的欧洲，女性运动的源头最早亦可追溯至18世纪末期的欧洲大陆。笔者这里采用的是学界普遍采取的第一次女性主义运动浪潮的发生时间，即19世纪下半叶到20世纪初。参见李银河：《女性主义》，山东人民出版社，2005，第15-16页。

的,女性主义内部存在着许多不同的理论流派,作为最核心的诉求之一,"平等"问题也在各流派的女性主义学者之间因为理论的不同而存在着多种理解。女性主义法学最早产生于20世纪60年代的美国。作为一门得益于女性主义运动并以女性主义为理论渊源的法学理论分支,其自然也承袭了与女性主义相类似的理论流派划分。❶ 由此,笔者拟以不同的理论流派作为讨论的切入点,尝试厘清女性主义法学在有关平等问题上的理念主张。

一、西方女性主义法学流派中的平等

正如我们所知道的,女性主义法学的各流派之间普遍存在着彼此各异乃至相悖的理论主张。这一理论的多元性特征甚至延续到了女性主义法学对其内部的流派划分问题上。著名的女性主义法学者帕特丽夏·凯因(Patricia Cain)曾在佐治亚大学法学院发表过一篇题为《女性主义与平等的限度》("Feminism and the Limits of Equality")的演讲。❷ 她在演讲中表示,她更倾向于将女性主义划分为自由主义、激进主义、文化主义和后现代主义四个流派。同时,她表明,这样划分的最主要目的就是强调和突出这四个流派对于"平等"问题的不同理解,进而阐明它们各自对于"女性"的不同定义。事实上,凯因之所以对女性主义法学流派作出这样的划分,更大程度上是基于这四个流派对于男女之间差异的不同认知。

她认为,自由主义的女性主义只关注女性在公共领域的平等,主张女性只有取得了和男性相同的权利才能实现所谓性别平

---

❶ 孙文恺:《法律的性别分析》,法律出版社,2009,第171–173页。
❷ Patricia A. Cain, "Feminism and the Limits of Equality", *Georgia Law Review*, Vol. 24, Summer (1990): 803–848.

等。而激进主义的女性主义则不同意这种观点,她们虽然认同自由主义的男女区别论,坚持男女之间的差异是导致女性被不平等对待的最主要原因,但她们更愿意将男性看作一个群体,主张只有推翻男性对于女性的这种群体性压迫才能实现性别平等。她们强调,相较于公共领域,私人领域上男性对于女性的压迫更为严重、更需要被破除,而要实现这种破除,就必须给予女性以区别于男性的特殊保护。文化主义的女性主义和激进主义一样关注对于女性权利的特殊保护,也同样宣扬女性较于男性的优越性,此二者之间的区别仅在于文化主义认为男女之间的差异是可欲的并应当被保留。而后现代主义的女性主义则走得更远,她们认为所谓平等只是父权制的社会的理论建构,甚至连女性本身都是被文化建构出来的"谎言",因此性别、平等等概念均应当被彻底地抛弃。

凯因对于西方女性主义法学流派的划分以及对各流派平等理念的解读具有相当程度的代表性。可正如我们前面提到的,由于女性主义法学理论内部分歧的存在,质疑这种"主流观点"的声音也一直未曾停歇,比如南加利福尼亚大学法学院的伊兰娜·克里斯托伐(Ilana Cristofar)。她在自由主义是否能够作为女性主义法学流派之一的问题上就与凯因持有相反观点,而此二人之间的意见分歧也正体现了西方女性主义法学界在这一问题上的争论焦点。

克里斯托伐认为,现代女性主义主要有激进主义、文化主义和反本质主义三个阵营。❶ 虽然,她也表明这样的阵营划分依据同

---

❶ Ilana S. Cristofar, "Blood, Water and the Impure Woman: Can Jewish Women Reconcile between Ancient Law and Modern Feminism", *Southern California Review of Law and Women's Studies*, Vol. 10, Spring (2001): 451–482.

样来自各阵营对于男女之间差异的不同认知，甚至，她对于各阵营的平等主张也作出了与凯因几乎相同的界定——只是她并未采用后现代主义的提法，而是使用了反本质主义的概念——但最关键的一点在于克里斯托伐在此处排除了自由主义的女性主义法学流派。她的这一做法也在事实上代表了相当一部分西方女性主义法学者的意见。她们认为，"自由主义的中心原则，不但扩展了对手的行动权利，免除了对方实施侵犯的责任，还不愿意为自己的利益主张权利"❶。她们片面地强调，当下女性社会地位与法律地位的提升之所以仍未能达到令人满意的程度，原因就在于早期的女性主义者们错误地将自由主义当作"武器"，她们坚持女性主义法学应当是20世纪八九十年代才出现的反思传统女性主义的学术理论。

显然，这种见解不免有只顾"喝水"之便，不念"挖井"之恩的嫌疑。前女性主义理论也是女性主义法学不可或缺的组成部分，❷ 更不必说若非得益于自由主义的"平等"与"权利"主张，早期女性主义者也未必能够在公共领域争得与男性平等的教育、就业和参政权利，女性主义法学也未必能在20世纪末赢得"百花齐放"的局面。

通过前面的讨论不难发现，西方学者，或者更准确地说是美国学者更倾向于将女性主义划分为自由主义、激进主义、文化主义和后现代主义四个主要流派。但显而易见地，这样的划分也并未能涵盖全部的女性主义理论学说。比如，人们甚为熟悉的种族

---

❶ 朱迪斯·贝尔：《女性的法律生活：构建一种女性主义法学》，熊湘怡译，北京大学出版社，2010，第2页。
❷ 朱迪斯·贝尔：《女性的法律生活：构建一种女性主义法学》，熊湘怡译，北京大学出版社，2010，第23页。

批判主义❶、马克思主义❷以及生态主义❸等女性主义学说都未能入选。事实上，这样的划分结果却存在着某种程度上的必然。

理论和价值的多元一直都是女性主义者坚持并引以为傲的核心主张。一方面，由于这种多元性，女性主义内部的理论分支越分越细，再加上彼此之间的融合交叉，有些理论甚至已经很难被界定到底分流自何处；另一方面，正如前面提到的，这种划分标准的多元本身也是女性主义理论多元的一种体现。此外，从学科地位的角度看，女性主义一直都处于相对边缘的位置，这也间接导致了其理论上的较大开放性。女性主义者总是愿意吸收其他理论的"长处"并归为己用，特别是同样处于边缘位置的理论学说，以此发展和延伸女性主义的理论广度与深度，这也在实际上造成了女性主义法学流派在划分统一性上的困难。

---

❶ Adrienne Asch, "Critical Race Theory, Feminism and Disability: Reflections on Social Justice and Personal Identity", *Ohio State Law Journal*, Vol. 62 (2001): 391 – 424. Penelope E. Andrews, "Globalization, Human Rights and Critical Race Feminism: Voices from the Margins", *Journal of Gender, Race and Justice*, Vol. 3, Spring (2000): 373 – 400. Leila Hilal, "What is Critical Race Feminism", *Buffalo Human Rights Law Review* (1998). Mary Jo Wiggins, "Foreword: The Future of Intersectionality and Critical Race Feminism", *Journal of Contemporary Legal Issues*, Vol. 11 (2001): 677 – 690. Christy Chandler, "Race, Gender and the Peremptory Challenge: A Postmodern Feminist Approach", *Yale Journal of Law and Feminism*, Vol. 7 (1995): 173 – 194. Adrien K. Wing, Christine A. Willis, "From Theory to Praxis: Black Women, Gangs and Critical Race Feminism", *African – American Law and Policy Report*, Vol. 4, Fall (1999): 1 – 16. Twila L. Perry, "Family Values, Race, Feminism and Public Policy", *Santa Clara Law Review*, Vol. 36 (1996): 345 – 374. Jody Armour, "Critical Race Feminism: Old Wine in a New Bottle or New Legal Genre", *Southern California Review of Law and Women's Studies*, Spring (1998).

❷ Marion Crain, "Between Feminism and Unionism: Working Class Women, Sex Equality and Labor Speech", *Georgetown Law Journal*, Vol. 82 (July 1994): 1903 – 2002.

❸ 唐娜·哈拉维：《类人猿、赛博格和女人——自然的重塑》，陈静、吴义诚译，河南大学出版社，2012。唐娜·哈拉维：《灵长类视觉——现代科学世界中的性别、种族和自然》，赵文译，河南大学出版社，2011。

二、我国女性主义法学流派中的平等

事实上,我国的女性主义法学极大程度上是在引进和介绍西方女性主义法学理论的基础上发展起来的。从这个角度来说,我国的女性主义法学流派理应与西方别无二致。可实际的情况却是,我国在女性主义法学流派划分的问题上呈现出了与西方不同的"中国特色"。只是在理论多样性方面,国内学界依旧保持了与西方的一致性:至今也未能就流派划分的标准达成共识。目前,学界较为流行的是取自李银河教授的"3+1+1"划分方法。鉴于这种划分标准上的区别并不会对此处问题的讨论带来特别实质性的影响,因此笔者将不再对其他学者的不同意见作出说明。

依据李银河教授的观点,女性主义一般可以划分为自由主义、激进主义、社会主义以及后现代主义四个大的流派。❶ 在这之中,"后现代女权主义颇具颠覆性,它不仅要颠覆男权主义秩序,而且要颠覆女权主义三大流派据以存在的基础。因此,严格地说,后现代女权主义并不能算是与三大流派并列的第四大流派"❷。由此可以看出,即便作为中国女性主义研究的先驱者,李银河教授在流派划分的问题上也是存在一些"犹豫"的。这种犹豫还体现在她对于激进主义和文化主义的阐释上——她曾对激进主义与文化主义女性主义的核心理论作出过完全相同的表述。❸ 另外,为了保证其理论的周延性,她还保留了"其他流派"的兜底分类——将

---

❶ 李银河:《女性权力的崛起》,文化艺术出版社,2003,第145页。
❷ 李银河:《女性权力的崛起》,文化艺术出版社,2003,第178页。
❸ 具体表现为她在《女性权力的崛起》一书中对激进女性主义的主张进行介绍时,采用了她在《女性主义》一书中关于文化女性主义理论的相同文字表述。参见李银河:《女性权力的崛起》,文化艺术出版社,2003,第171-178页;以及李银河:《女性主义》,山东人民出版社,2005,第78-82页。

无法涵盖在四大流派当中的其余女性主义理论分支一并囊括。

笔者此处之所以仅对李银河式的流派划分学说作出说明，在很大程度上正是因为她的"犹豫"恰巧反映了国内学界在女性主义法学流派研究上的理论现状。前面已经提到，国内的女性主义法学与西方不同，并非由女性主义运动引发，而是在介绍、引进西方理论的基础上发展起来的。我们知道，对于舶来文化而言，语言、翻译等因素不可避免地会对理论的传播产生影响，具体到女性主义的相关理论来说，国内学者在"鉴别"激进主义与文化主义的过程中似乎总有些"举棋不定"。同时，前面也曾提到，女性主义的相关理论本就处于相对边缘的位置，这使得它更愿意以开放的态度来接纳其他理论以巩固和发展自身，"其他流派"的形成自然也就水到渠成。

在此种划分标准之下，自由主义的女性主义所倡导的平等被认为承袭自社会契约理论，坚持性别平等需要依靠女性在教育、就业以及政治等公共领域取得和男性同样的权利来实现，从而忽略了男女之间的性别差异，只追求形式上的平等。[1] 而激进主义女性主义则相当重视男女之间的差异，它对于女性获得与男性同样的平等并不十分在意，激进主义在整体上对男性持有否定的态度，它赞美女性的独特，认为只有让女性继续保持其自身的特殊性才能在实质上实现两性平等。[2] 社会主义女性主义的平等则以马克思、恩格斯的社会主义理论为其主要的理论渊源，坚持经济平等是性别平等的前提与基础，将女性解放看作工人解放运动的有机

---

[1] 郭夏娟：《为正义而辩——女性主义与罗尔斯》，人民出版社，2004，第293-295页。

[2] 李银河：《李银河：我的社会观察》，中华工商联合出版社、北京时代华文书局，2014，第10-11页。

组成部分,强调对女性的特别保护,以实现实质上的平等。❶后现代的女性主义平等则以福柯等代表的反本质主义的怀疑理论为主要理论渊源,它崇尚解构和颠覆,彻底抛弃了阶级、种族、性别,乃至平等、权利等现代性学说视为理论基石的概念,但它在对其他的理论学说进行批判和解构的同时,也逐渐消解了女性主义法学自身。❷

此外,在"其他"女性主义法学流派当中,生态主义、种族批判主义、心理分析主义以及分离主义的女性主义平等也值得我们关注。事实上,简单来说,生态主义的女性主义就是部分女性主义理论吸收了生态主义的自然观点并与之结合后的产物;而种族批判主义则在一定程度上有着与社会主义女性主义相类似的特性:它将平等问题放在性别与阶级、种族等语境下共同讨论,以寻求多面向上的实质平等;心理分析主义与分离主义则游离在后现代主义的边缘,它们均着眼于性别概念本身,期望通过重新定义性别来寻求平等的实现。❸

三、中外女性主义法学之异同

从中外女性主义法学对于各自理论流派的划分不难看出,这既呈现出了某种客观普遍的学科共性,也体现了东西有别的区域特性。首先,从共性来说,一方面是前面已经提到的中外女性主义法学都存在着内部流派划分过细且标准难以统一的学科弊病。尽管这种"百鸟争鸣、百花齐放"的多样特性存在着理论与现实上的双重必然,但不可否认,这或多或少会对女性主义法学的学

---

❶ 李银河:《女性权力的崛起》,文化艺术出版社,2003,第154-162页。
❷ 李银河:《女性主义》,山东人民出版社,2005,第59-77页。
❸ 李银河:《女性权力的崛起》,文化艺术出版社,2003,第195-208页。

科独立性、理论系统性乃至逻辑自洽性产生不利影响，以致影响学科的长远发展。另一方面，中外女性主义法学也都对自由主义和后现代主义的理论学说给予了充分的关注。

稍微回顾一下女性主义运动的历史就能发现，早期的女性主义者正是依靠自由主义的机会平等理念才提出了女性需要与男性享有同等的教育、就业、参政三大权利，从而掀起了女性主义运动的第一次浪潮。自由主义的大师约翰·密尔（John Mill）也因为在其理论中表达了对于女性权利的极大关注而受到早期女性主义者的推崇。直到20世纪20年代前后，经过各国女性主义者的不懈斗争，世界多数国家均赋予女性以选举权利，女性主义运动的第一次浪潮才逐渐式微。❶ 这一阶段性的胜利无疑也将自由主义的功绩永久地镌刻在了女性主义运动的史册之中。

相对地，后现代女性主义则被看作女性主义运动的"第三次浪潮"❷。20世纪60年代发端于法国的后现代主义，犹如一把双刃的利剑刺入了女性主义最核心的领地：后现代理论的去中心论意图颠覆一切现代性的法律制度和社会结构，它在为女性主义拓展更多批判路径的同时，似乎也丢弃了女性主义原本应当坚持的出路。女性主义法学者珍妮特·哈莉（Janet Halley）就曾发出了"让女性主义稍事休息"的呼声。❸ 尽管后现代女性主义的兴起使得这一时期的女性主义遭受了比以往更为广泛的质疑，但它同时

---

❶ 孙文恺：《法律的性别分析》，法律出版社，2009，第110页。
❷ Coole, D. H. *Women in Political Theory*, *From Ancient Misogyny to Contemporery Feminism*, London: Harvester Wheatsheaf, 1993, p. 184. 转引自李银河：《女性主义》，山东人民出版社，2005，第59页。
❸ Madhavi Sunder, *Gender and Feminist Theory in Law and Society*, London: Ashgate Publishing Limited, 2007, pp. 503 – 27. 转引自孙文恺：《法律的性别分析》，法律出版社，2009，第218页。

也使得后现代主义在女性主义运动的历史上留下了相当浓墨重彩的一笔。

至于中外女性主义法学的区域特性，则在很大程度上缘于中外女性解放历史的现实路径差异。用一句话来概括，西方的女性主义运动是自发的社会进化，而我国的女性解放运动是权力主导下的社会变革。我们知道，女性主义运动最早爆发于西方世界，究其原因，是由于当时的法律、制度以及社会对于两性关系的既定安排有违权利平等原则进而引发女性不满，于是她们以社会运动的方式组织集结，抵制并反抗歧视女性的社会制度和思想观念，以推动两性之间平等社会关系的建立。值得庆幸的是，在她们的不懈努力下，女性的法律及社会地位确实有了显著提升，也在此基础上发展形成了包括女性主义法学在内的女性主义相关理论。而这些理论也充分吸收借鉴了其他学科中有益于性别平等的成分，反过来投射在女性主义运动之中，进一步促进了女性主义运动的发展。反观我国及20世纪的苏联，社会主义国家的女性解放运动均被看作工人解放运动的一个组成部分，是在社会主义政权主导下的自上而下的社会改革。这项改革主要以马克思主义的妇女解放理论为指导，以政治干预和社会动员为主要手段，在较短的时间内大范围地实现了妇女解放和女性地位的提升。正是这种女性解放历史现实路径上的差异，导致了国内学者对于社会主义女性主义的青睐。

第二节 差异的性别平等

通过前面的讨论，我们不难看出：即便中外女性主义法学在流派划分的问题上能够求同存异，但若要以不同的理论流派作为切入点来梳理女性主义法学中的平等理念发展脉络,似乎仍然不够清晰。这在很大程度上是因为以流派为线索的讨论路径更多的是在"横向"上对女性主义法学的观察。

事实上,涉及"流派"问题的探讨,大都倾向于对某一学科理论现状的讨论,即便涉及一些有关"过去"或是"将来"流派的分析也基本集中在对于派系划分的论证上而非其他。与此同时,"过去几十年间女性主义流派的大量分化与重新组合,已经使过去三大家(激进、自由、社会主义女性主义)的区分变得不再清晰可辨,目前,女性主义的理论呈现出一派多元的格局"❶。由此,假如我们能够改换视角,从"纵向"上观察女性主义法学的发展脉络,似乎对于厘清女性主义法学中的平等理念更有帮助。此外,这种纵向的视角也能够在一定程度上避免因为流派划分而导致的中外女性主义法学研究之间的理论隔阂,而更多地聚焦于需要大家共同面对的问题上。从前面的讨论中不难看出,寻求理论上的某种"统一"对于当下的女性主义法学来说至关重要。

一、差异的纵向视角

要从纵向上梳理女性主义法学中的平等理念,就不得不从女性主义相当重视的"差异"一词说起。既然要求性别"平等",那么两性之间的差异自然是女性主义法学无法绕开的问题之一。毕竟只有在明确了何为差异以及如何对待差异的前提下,才能实现对平等问题的讨论。前面也已经提到,中外女性主义法学在对内部的理论流派进行划分时也大都倾向于以它们各自对于男女之间差异的不同认知为基准。当然,不同的学说对于两性差异的解读

---

❶ 李银河:《女性主义》,山东人民出版社,2005,第39页。

也确实存在着较大分歧。但这种分歧却不是毫无规律可循的，它大致与女性主义运动的三次历史浪潮逐一对应。

在女性主义运动迎来第一次浪潮时，彼时的女性主义者普遍认为男女之间是不应当存在差异的。她们将女性在社会中遭受到的不公正对待全部归因于法律和政治制度上对于男女两性的区别对待。❶ 她们无视两性生理上的差异，认为性别平等的实现必须抛弃传统上的两性差异认知，在法律上给予女性与男性相同的待遇。女性主义的这一主张的确在实际上提升了当时女性的政治地位和法律地位，但很快地，她们也发现了这一主张的尴尬之处：给予女性与男性一样的权利待遇就意味着女性需要按照男性设立的标准和男性一同竞争，这对于女性来说是另外一种实质上的不平等。❷

这种不平等让一部分女性主义者认识到性别平等不应该忽视男女之间的生理差异。此时的女性主义者开始重新解读差异，她们主张男女生而不同，法律必须对这种差异作出相应的回应，给予女性以不同于男性的特殊对待。她们中的一些主张女性的特殊性与男性特质一样重要，都具备存在的合理性；有些甚至提出了女性相较于男性更具优越性，认为女性特质完全可以取代男性特质成为社会主流价值标准。❸

这种与男性"划清界限"的做法在很大程度上"团结"了大部分的女性，但对于差异的重新解读也为女性主义内部的"分裂"埋下了伏笔。以有色人种为代表的部分女性提出了不仅"男女有

---

❶ 李银河：《李银河：我的社会观察》，中华工商联合出版社、北京时代华文书局，2014，第9页。

❷ 郭夏娟：《为正义而辩——女性主义与罗尔斯》，人民出版社，2004，第295-304页。

❸ 王新宇：《性别平等与社会公正——一种能力方法的诠释与解读》，中国政法大学出版社，2014，第52-66页。

别","女女亦有别"的主张。她们认为,一直以来的女性主义相关理论集中体现的都是白人女性的需求,而白人女性无法代表包括有色人种等其他女性在内的女性整体。她们提出了白人女性不曾涉及的反对种族歧视和阶级压迫的性别平等主张,以丰富"女性"概念的方式为女性主义增添了批判主义的理论面向。但随着有关"女性"概念的讨论日益增多,女性主义者逐渐意识到,要给"女性"下一个让所有女性都能够认同的定义是极其艰难的。于是,这场关于"差异"命题的讨论终于在"人人自有差异"的道路上越走越远。这时,一部分女性主义学者开始尝试抛开"女性"甚至"性别"概念本身来讨论两性平等。显然,这种只关注"差异"的讨论是很难在理论上实现逻辑自洽的,而后现代主义理论的出现,则为女性主义解决这一问题送来了"救命稻草"。

"后现代主义是对现代主义的全面反思,即全面批判西方现代主义的哲学、语言、文化和主体概念。"❶ "从哲学上说,后现代思想的典型特征是小心避开绝对价值、坚实的认识论基础、总体政治眼光、关于历史的宏大理论和'封闭的'概念体系。它是怀疑论的、开放的、相对主义的和多元论的,赞美分裂而不是协调,破碎而不是整体,异质而不是单一。"❷ 后现代的解构主义给这一时期的女性主义扩大"差异"、批判"女性"概念和"性别"概念的做法提供了理论上的支撑。但现实的尴尬并没有因为理论上的自圆其说而消除。埃米莉·舍温(Emily Sherwin)就曾在《女性主义的局限》("The Limits of Feminism")一文❸中表示,后现

---

❶ 马姝:《法律的性别问题研究》,中国社会科学出版社,2017,第 14 页。
❷ 特里·伊格尔顿:《后现代主义的幻象》,华明译,商务印书馆,2014,第 1 页。
❸ Emily L. Sherwin, "The Limits of Feminism", *Journal of Contemporary Legal Issues*, Vol. 9, Spring (1998): 249–256.

代女性主义在解构这一问题上的讨论只具备其理论上的积极意义，而不能被用在法律制度改革的实践当中。她认为，人们无法摆脱或是超越现有的社会现实，女性自然也是如此。因此，从现实的角度出发，人们可以做的也只有改革当下的法律制度。其次，法律价值是建立在一定的社会价值之上的，即便后现代女性主义实现了对现有法律价值的颠覆，但也仅仅是法律价值，社会总体价值不可能在短时间内实现如此巨大的变革。而在社会价值大体不变的情况下，被颠覆的法律价值也将无法与之共存。由此，后现代女性主义对于法律制度的改革是注定要失败的。

但也有部分学者认为，后现代主义理论正在对女性主义发挥着不可替代的积极现实意义。一方面，后现代主义提醒女性主义者要注意语言在法律制度改革过程中的重要作用；另一方面，女性主义又可以依靠后现代的解构力量助力女性获取更高的法律地位；而最关键的一点在于后现代主义以其既不接受，也不拒绝定义的不确定性，提醒女性主义者反思传统意义上的女性概念。而由差异问题引发的后现代女性主义的逻辑冲突，则可以通过消除女性内部的"排异"现象予以解决。毕竟女性主义更应该聚焦的是两性之间的差异而非女性内部的差异。❶ "搁置争议"似乎成了后现代女性主义的唯一出路。

二、差异的实质平等

通过前面的论述，我们不难看出，包括后现代主义在内的女性主义相关理论，它们各自对于差异问题的不同理解直接影响了它们对于平等问题的态度。受早期自由主义影响的女性主义法学

---

❶ Barbara Johnson, "The Postmodern in Feminism", *Harvard Law Review*, Vol. 105, (March 1992): 1076-1083.

者，普遍持有的是一种"形式平等"的性别平等观，她们秉承社会契约理论的思想脉络，认为男女之间不存在实质差异，所有人都应当享有同等的法律权利与社会地位。而当她们中的一部分意识到性别平等不应当忽视两性之间的生理差异时，这种平等观念就自然地转向对"实质平等"的强调。女性相对弱于男性的生理差异，成为女性获得更多法律上特殊保护的生物学基础。可随着差异概念不断地被放大，"女性"和"性别"本身逐渐变得悬而未决，这时即便有兼顾公平、正义的"实质平等"原则，性别平等似乎也变得难以实现。女性主义不得不从理论上反思法律、反思平等、反思价值。但也有另外一些人，她们选择跳出这种执着于差异分析的论证"怪圈"，坚持在现有的法律秩序下讨论性别平等，寻求两性共同的更好发展，以重新解读女性主义语境下的法律平等。

总的来说，女性主义对于差异命题的理解经历了三次大的理论转变，相应地，女性主义法学中的性别平等也经历了三个不同的历史阶段。从最初的形式平等逐渐过渡到实质平等的过程，实际上凸显了公平、正义价值对于法律上性别平等实现的重要意义。但对于两性之间平等的追求，仍然是女性主义法学最重要的理论核心。直到后现代的怀疑主义理论被女性主义吸收借鉴，女性主义法学才开始反思并质疑两性平等。正是这个时候，依据对待平等问题的不同态度，女性主义法学内部再次发生分裂：她们中的一部分对平等彻底丧失信心，将其连同法律在内的一切现代性的社会制度一并视为话语权力的人为构建，她们赢得了理论上的自信，但却在现实的法律面前束手无策；她们中的另一部分仍然坚持着性别平等的理想，牢牢抓着女性主义从诞生至今的理论贡献和法律改造成果，但却无法往前再走一步。性别平等之于她们，与其说是理想价值,不如说是"食之无味,弃之可惜"的"鸡肋"。她们中还有一部分开始尝试跳出女性主义法学既有的学说和概念限制,寻求新的理论视角,以重新解读现有的性别法律关系。

可不论是从横向着手的"流派"分析,还是以"差异"为视角的纵向梳理,中外女性主义法学迄今为止的理论积累似乎都在向我们传递这样一种信号:两性之间的待遇平等是性别法律关系中最可欲的价值标准。诚然,自性别命题进入法律语境开始就和平等问题的关系异常密切。当然,在这个过程中,公平、正义、自由、权利等相关的范畴也并未缺席。但人们即便论及这些范畴,仿佛也只是为了说明如何实现性别平等的价值目标。这样的惯用论证与表达方式是否能够成为平等命题作为性别法律关系之优先价值的理由,以及那些试图为女性主义法学寻求全新理论解读的努力又取得了何种进展,是笔者接下来需要讨论的问题。

不可否认,关于性别平等问题的讨论确实为女性主义法学赢得了理论上的一席之地,也在很大程度上构成了女性主义法学的学说核心。这其中最具代表性,或者说最具吸引力的是关于两性"实质平等"以及女性权利特殊保护的部分。这部分的女性主义法学者认为,自由主义的性别平等观念实际上并未能摆脱男性中心主义的束缚。在自由主义的理论范式下,性别平等的价值正当来自自由与正义两个方面。所谓自由,即每个人都有自我定义、自主选择的权利;所谓正义,即"一个性别从属于另一个性别是错误的"❶。这在早期的女性主义运动中确实为女性赢得与男性平等的法律权利带来了莫大的帮助,但这种论证的出发点是女性在获得自由之后能够更好地为人类进步做贡献,而这是对男性有益的。

---

❶ Kourany, J. A. et al. (ed.), *Feminist Philosophies*, New Jersey: Prentice Hall, 1992, p. 261. 转引自李银河:《女性主义》,山东人民出版社,2005,第43页。

这种"形式上"的性别平等观念体现了严重的功利主义倾向。因此，自由主义的平等并不能有效地证明性别平等，反而会有害于性别平等的实现。❶而差异的平等，即在兼顾了两性之间差异后的"实质上"的平等，由于在平等的问题上引入了公平、正义的范畴，相较于自由主义的同一平等更有可取之处。

三、差异平等的障碍

既然差异平等比同一平等更具备理论上的可欲性，那么为何差异平等最终并没能把性别法律关系引向实质平等的"目的地"，反而被后来的反本质主义吸引，丢掉了女性主义法学在性别平等问题上的核心领地，这恐怕要归因于差异平等自身与生俱来的现实障碍。而说到差异平等的现实障碍，就不得不提及有关女性主义法学的另一个经典命题：法律上的公共领域与私人领域之分。

确实，公共领域与私人领域在法律上的划分问题就如同"什么是女性"的问题一般，是女性主义法学始终无法绕开的问题之一。现代法律制度的源头被认为是现代契约理论，而达成这种契约的前提便是将人类的社会生活领域一分为二，公共领域交由契约法律规制，私人领域则由公民个人自治。❷持有差异平等观点的女性主义法学者认为，这种公共领域与私人领域在法律上的划分，从一开始就并未将女性作为公民"主体"考虑在内。正是从此时开始，女性的主体身份被剥夺、法律权利不被认可，男性在社会现实中对于女性的支配地位和控制权力从法律上被确认并予以正

---

❶ 周安平：《性别与法律：性别平等的法律进路》，法律出版社，2007，第76页。
❷ 郭夏娟：《为正义而辩——女性主义与罗尔斯》，人民出版社，2004，第150-156页。

当化。这些在女性主义法学的理论框架下显然都是不能被接受的。❶

在这部分女性主义法学者看来，正是法律传统上对于公共领域与私人领域的二元划分才导致了性别法律关系的不平等现状，而实现两性之间实质平等的最有效办法就是从根本上破除这种划分。这也是著名的女权运动口号——"个人即政治"的由来。可这一观点很快就受到了来自"隐私保护"理论的反击。随即，这部分女性主义法学者意识到，在现有的法律理论框架下，即便强调女性权利保护，公民的"个人自治"依然是国家权力所不能触及的"禁地"。❷ 于是，他们在此基础上得出了如下结论：要实现两性之间的实质平等，必须依靠国家强制的力量，突破私人空间上的壁垒，以所涉事物的性质而非事物发生的空间为标准重新划分法律上的公共领域与私人领域，以实现对女性权利的特殊保护。❸

那么，这种经过修正之后的"公私"划分方法能否在法律上实现女性主义所期望的差异平等，我想答案大约是否定的。这主要涉及以下两个层面的问题：一是法律能否实现不依赖空间标准、只依据事物性质区分公共领域与私人领域的转变；二是如果能够实现，这样的转变是否能够实现对女性权利的特殊保护。第一个问题并不难理解。事实上，任何社会关系一旦进入法律的语境下，它自然就具备这里所说的公共性质而不再是私人关系。以"隐私

---

❶ 克瑞斯汀·丝维斯特：《女性主义与后现代国际关系》，余潇枫、潘一禾、郭夏娟译，浙江人民出版社，2003，第32－41页。

❷ Deborah L. Rhode, "Feminism and the State", *Harvard Law Review*, Vol. 107, (April 1994): 1181－1208. Ruth Gavison, "Feminism and the Public/Private Distinction", *Stanford Law Review*, Vol. 45, (November 1992): 1－46.

❸ 周安平：《性别与法律：性别平等的法律进路》，法律出版社，2007，第97－107页。

保护"为例。个人隐私之所以需要受到保护，是因为在法律的语境下任何侵害个人隐私的行为都被认为是不可欲的。这意味着，即便法律将侵害个人隐私的行为认定为发生在公共领域的社会关系，也无法改变个人隐私是私人关系的既定事实。换句话说，只要"公私"对立的做法依然存在，并且法律依旧被认为是公共领域的事情，那么原本受到"保护"的私人关系就永远无法进入法律这个公共领域当中。至于第二个层面，这实际上是回到了问题的最初。女性主义学者之所以提出"个人即政治"的口号，就是希望打通传统上公共领域与私人领域之间的概念壁垒。因为只有如此才能改变女性受到不公正对待的社会现状，实现两性之间的实质平等。而这个壁垒的打通，意味着在原本公共领域与私人领域的概念之间建立某种联系或是实现某种互通。只改变"公私"划分标准而不改变二元对立现状的做法是无法建立联系、实现互通的。因此，这种修正的办法不具备任何实质上的意义。

此外，这里还需要补充说明一点，差异平等在事实上还面临着另外一层现实障碍，即如何确定差异及平等的问题。我们在前面已经提到，差异平等相比于同一平等而言的可取之处就在于它能够实现"不同情况，区别对待"。但这种"区别对待"仍然需要具备一个特定的前提条件，即为了实现某种实质上的平等。对于这种实质平等的判断就涉及另一个价值标准——公平正义。既然关于差异平等的讨论在很大程度上需要依赖对公平正义价值的界定，那么这是不是也在某种程度上说明，公平正义相较于平等价值在性别法律关系中具备更大的可欲性。由此，对于正义问题的思考就变得极具现实意义。

第三节 可欲的性别正义

事实上，女性主义法学与其他涉及平等命题的讨论相比，还存在着一个不同之处：性别法律问题通常涉及两性主体——男性与女性——他们之间既相同却也不同。这就意味着男性与女性之间既需要差异平等，也不能没有同一平等。而何时需要平等以何种形式出现，这是平等命题自身很难完成论证的部分。这时我们也需要求助于另外一种价值判断。❶

而为了能够尽量削弱中外女性主义法学之间的理论隔阂对于论题的影响，我们在前面的论述中尝试改换了研究视角，希望借助性别差异的纵向视角，更加直接地获悉女性主义法学中平等的"演变"线索。女性主义一直为之"战斗"的理想——性别平等——却最终将它推到了一个难以抉择的三岔路口：要么以后现代怀疑主义的姿态，丢掉平等的理想只悉心经营理论，同时对背离理想的社会现实视而不见；要么固守女性主义的理论传统，继续怀抱性别平等的幻想，在形式平等与实质平等的较量之中进退维谷，在理论和现实的尴尬面前束手无策；要么就只能从不平等的社会现实出发，寻求能够实现形式平等与实质平等协调共存的新的理想。❷ 改变原先的理想必然是艰难的，但也只有着眼于现实才是走出困境的唯一出路。

---

❶ 孙文恺：《法律的性别分析》，法律出版社，2009，第 234 页。
❷ 郭夏娟：《为正义而辩——女性主义与罗尔斯》，人民出版社，2004，第 309－327 页。

一、性别正义的证成

女性主义法学对于正义这个命题并不陌生。我们在前面已经提到，即便迄今为止的有关女性主义的理论探讨都更执着于性别平等的话题，但其中也始终没能摆脱正义的价值。因此，大部分学者都愿意认同这样一个观点：抛开正义谈平等的做法是不可能实现的。正是出于这个原因，多数的女性主义法学者都认为，在性别法律关系中再提正义命题是多此一举。既然性别平等必然涉及对正义问题的讨论，那么性别正义是否就是没有必要存在的伪命题，我想答案应该是否定的。

对于这一问题，孙文恺教授的意见尤其值得我们关注。他的著作《法律的性别分析》从揭露平等"陷阱"的角度出发，在理论上实现了对性别正义的法律进路的证成。他在进行论证之前，首先为这一命题设置了一个至关重要的理论前提："人们对当时两性关系的现实安排大多表示接受的事实表明，其时的两性关系在大体上应该是'正义'的。"[1] 为了达成这一预设，他借用了社会互动角色理论的论证逻辑。他认为，法律制度与性别关系之间的互动，在根本上取决于两性间的互动。尽管他在此处极尽谨慎之措辞，但他大约还是表达了一个相对不那么谨慎的观点：没有引起剧烈社会动荡的法律制度就可被认为是"正义"的。

孙文恺教授之所以作出这样不免有些冒险的论断，首先是为了说明前资本主义社会的两性关系虽不"平等"，却在当时的社会条件下具备一定的"正义"性。这是他认为的"平等"的第一层"陷阱"。他把引发社会动荡、剥夺前资本主义社会法律制度"正

---

[1] 孙文恺：《法律的性别分析》，法律出版社，2009，第228页。

义"性的"罪魁祸首"认定为工业革命。他认为,前资本主义社会的性别关系大体上顺应了当时两性之间的社会合作现实,于是促成了性别关系与法律制度之间的渐进式互动。而工业革命引发的社会生产方式的巨大变革,使得两性之间的社会合作现实也随之发生剧烈变化,但法律制度乃至意识形态的改变却跟不上这种变化的速度。于是,这种社会互动中的性别冲突便引发了女性主义运动,进而导致性别法律制度的变迁。

但即便是工业革命之后,在性别平等观念主导下的法律制度变迁也未能取得令人满意的成效。这是孙文恺教授利用他的前提预设所要说明的第二个问题。他从世界各国性别法律制度变迁的实际情况入手,深入分析了促成性别平等的两种法律变革模式:一种是以资本主义国家为代表的"进化式",另一种是以苏联为代表的"建构式"。这两种模式虽然各有不同,但不论是自生自发地进化还是介入干预地建构,目的都是达成性别关系与法律制度之间的平衡以维持现行的秩序。所以,即便平等的性别关系在法律制度上得到确立,也无法彻底根除长期以来形成的性别歧视的意识形态。这便是"平等"的第二层"陷阱"。此外,值得一提的是,孙文恺教授还从美国女性主义法学理论入手,以其理论近年来展现出的后现代解构主义属性为着力点,阐明了后现代女性主义的内在理论矛盾性。这也从另外一个侧面证明,"平等只能存在于人们的理想中,因为人们生活在现实的'差异'世界中"[1]。

在打破了平等的"幻想"之后,孙文恺教授继而从形式平等与实质平等的法律难题着手,进一步论证了性别正义的法律进路的可欲性。形式平等要求的平等对待和实质平等要求的差别对待,

---

[1] 孙文恺:《法律的性别分析》,法律出版社,2009,第230页。

都不会造成对正义的基本原则的违背。"概言之，无视两性差异的形式平等和重视两性差异的实质平等，之于性别正义而言是不可或缺的两个方面。""具有可操作性的性别正义原则，要求我们以承认两性差异为前提实现平等而非消除不平等的方式，来推进性别正义的实现。""这种保守的性别正义观为性别正义的法律进路提供了可能。"❶

在实现对路径可行性的证成之后，孙文恺教授将讨论引向了性别正义的法律进路应当如何实现的问题上，而没有对性别正义是怎样的一种正义作进一步剖析。他在此处引入了哈贝马斯的"商谈理论"。在他看来，性别正义的实现需要将女性作为政治商谈的主体之一，通过民主的程序，以公共领域为场域进行广泛而深入的"商谈"。这种"商谈"的目的就是要借助立法行为，在法律上的形式平等和实质平等之间划定一条界线，并辅助司法行为在实践中灵活微调，以防止"商谈"不够彻底时对性别正义可能产生的侵害。由此可见，孙文恺教授建构的性别正义法律进路的实现，在很大程度上仍要依靠人们对于"平等"范畴的统一认知。

二、正义的能力理论

虽然孙文恺教授实现了对性别正义的法律进路的证成，但从其论证逻辑中不难看出，他本人对于"平等"的青睐事实上远远超过"正义"。既然在性别法律领域，性别正义比性别平等更具备理论与现实上的可欲性，那么我们是不是可以给予"正义"范畴更多的理论关怀？以美国学者玛莎·C. 纳斯鲍姆（Martha C. Nussbaum）以及印度学者阿马蒂亚·森（Amartya Sen）为代表的

---

❶ 孙文恺：《法律的性别分析》，法律出版社，2009，第 244 页。

正义的能力理论,或称能力发展理论,是近年来引起最广泛关注的关于"正义"的理论之一。❶ 这两位学者以"人类发展"的宏大目标为背景,聚焦发展中国家女性正在遭受的不公正对待现状,呼吁建立起一种确保世界上的每一个人都能够生活在基本体面的社会里并有能力过上好的生活的正义理念。❷ 这或许能为我们解决性别法律关系上的不平等问题带来一些启示。

总的来说,纳斯鲍姆和森的能力理论是一项关注全球发展的理论。森自然不必多说,作为诺贝尔经济学奖得主、中国人民的"老朋友",他在经济发展领域的理论贡献是有目共睹的,关于发展的重要性论述在他的著作中也是随处可见。他曾在《关于发展及其实际理由的一般性著作》——《以自由看待发展》一书的序言中明确表示,发展是克服当今世界现有问题以及未来问题的核心关键,而发展的首要目的和主要手段是扩展自由。❸ "当我们评价一个社会的利弊或者某种社会制度的正义与否时,我们很难不以某种方式思考不同类型的自由以及它们在社会中的实现与剥夺。"❹ 从此不难看出,森在某种程度上算是一位自由主义者。可他却不是社会契约理论的坚定拥护者,这一点在他关于正义理念的讨论中体现得最为明显。

森的理论研究之所以备受推崇,原因之一就在于他的贡献并不仅仅局限于经济学领域。他将他的社会选择理论创造性地应用

---

❶ 叶晓璐:《纳斯鲍姆可行能力理论研究——兼与阿马蒂亚·森的比较》,《复旦学报(社会科学版)》2019年第4期,第52页。

❷ 宁立标、陈家恩:《能力、人权与反贫困——玛莎·纳斯鲍姆多元能力理论的反贫困价值》,《人权研究》2019年第2期,第56-60页。

❸ 阿马蒂亚·森:《以自由看待发展》,任赜、于真译,刘民权、刘柳校,中国人民大学出版社,2002,"序言"第23-25页。

❹ 阿马蒂亚·森:《理性与自由》,李风华译,中国人民大学出版社,2013,第6页。

在了对伦理学问题的思考中，形成了一种比较主义的全球正义理念。他放弃了那种试图在一国主权范围内建立唯一正义原则的社会契约式的制度正义研究方法，而是着眼于社会现实，以世界性的视角，选择让所有人都能过上好的生活的社会正义。"基于现实的正义理论不能对人们实际能过上的生活熟视无睹。""在讨论人类生活的本质时，我们不仅应关注已经完成的事情，也应关注在各种生活之间进行选择的自由。"[1] 这种人们对于自身生活的选择的自由就是森的理论中"可行能力"的实质内容。[2] 森的可行能力的正义，对于世界贫困人群、残障人群以及女性等相对弱势的群体都给予了充分的理论关怀。其中最明显的表现，莫过于他在对自己的正义理念进行论证的过程中，时常以女性，尤其是贫困女性举例，以说明她们正在遭受的不公正对待。此外，他还经常提及女性主义学者的理论与著作，并对其中的原理与观点予以肯定或是提供进一步的发展建议。[3]

---

[1] 阿马蒂亚·森：《正义的理念》，王磊、李航译，刘民权校译，中国人民大学出版社，2012，第15页。
[2] 董骏：《迈向一种能力进路的人权观——评纳斯鲍姆〈寻求有尊严的生活〉》，《河北法学》2017年第2期，第168页。
[3] 阿马蒂亚·森曾多次讨论过女性主义学者玛丽·沃斯通克拉夫特（Mary Wollstonecraft）的著作《女权辩护》（*A Vindication of the Rights of Woman*）。沃斯通克拉夫特在这本书中的核心观点是："为了让女人成为真正有用的社会一员，我认为应该通过大规模地培养她们的理智，来引导她们得到一种建立在知识基础之上的对于她们国家的理性情感。"她主张"女人应该和男人一样争取权利"。阿玛蒂亚·森认为，正义的理念在本质上是对公共理性的达成。由此可以推断，阿玛蒂亚·森在很大程度上是认同沃斯通克拉夫特关于培养女性"理性"能力的观点的。此外，阿玛蒂亚·森还进一步地论证了如何以看得见的方式实现沃斯通克拉夫特关于赋予"占人类总人口一半"的女性合法权利的正义问题。参见阿马蒂亚·森：《正义的理念》，王磊、李航译，刘民权校译，中国人民大学出版社，2012，第363-366页；玛丽·沃斯通克拉夫特：《女权辩护——关于政治和道德问题的批评》，王瑛译，中央编译出版社，2006。

同样地，纳斯鲍姆也特别关注女性发展问题。她曾直言，"在阿玛蒂亚·森和我的工作中，能力理论关注妇女不平等"。"世界各地的妇女在许多方面都是不平等的，而这就构成一种严肃的正义问题。它还是一种发展问题，因为否认女性的机会实际上制约了许多国家的生产力。"[1] 但不同于森对于人类发展及其社会评价方式的关注，在纳斯鲍姆的理论当中，发展问题显然是一个更"大"的范畴。"至少在许多语境内，我更倾向用'多元能力理论'这个词，而不是'人类发展理论'，因为我所关注的不仅是人类的能力，还包括人类以外的动物能力。""森也同意这一旨趣，只是他并未将动物能力当作其论述的一项核心议题。"[2] 纳斯鲍姆认为，能力理论相较于社会契约式的正义理论最突出的优势，在于其能够更加妥善地处理残障人群的能力保障、全球正义的标准达成以及动物权利的最低保护等问题。但她也坦承，能力理论在动物保护的问题上目前还只停留在理论探讨的阶段，尚无法实现理论上的完全闭合。尽管如此，我们还是应当"承认动物的尊严以及我们对它们是有愧的"[3]。

纳斯鲍姆的能力发展理论另一个不同于森的地方在于，她进一步明确了这种能力的正义性是来自它能够确保人们生活在一个基本体面的社会当中并过着有尊严的生活。森将正义解释为赋予人们选择自身生活的自由，因为每个人都应当具备对其生活进行选择的可行能力，并且每个人都有过上好的生活的自由。但对于

---

[1] 玛莎·C. 纳斯鲍姆：《寻求有尊严的生活——正义的能力理论》，田雷译，中国人民大学出版社，2016，第102页。
[2] 玛莎·C. 纳斯鲍姆：《寻求有尊严的生活——正义的能力理论》，田雷译，中国人民大学出版社，2016，第14页。
[3] 玛莎·C. 纳斯鲍姆：《正义的前沿》，陈文娟、谢惠媛、朱慧玲译，中国人民大学出版社，2016，第285-287页。

什么是"好的生活",森并没有给出具体的定义。纳斯鲍姆则表明,这种"好的生活"应当是一种"有尊严的生活"。"有尊严的生活"还有一个不同于"好的生活"的地方,它要求国家承担起相应的能力培养责任。和森一样,纳斯鲍姆也致力于寻求一种全球范围内的正义,甚至是跨越物种的正义,但她认为能力理论的世界性与国家性之间并不存在冲突。"国家具有一种根植于能力理论的道德角色,这是因为能力理论为人民的自由和自我定义赋予了核心意义"。[1] 这也是为什么纳斯鲍姆细化了对人类能力的探讨并提出了所谓"十种核心能力"的目录清单及其"底线"标准。[2] 这都为我们讨论性别法律关系提供了极其重要的启示。

---

[1] 玛莎·C. 纳斯鲍姆:《寻求有尊严的生活——正义的能力理论》,田雷译,中国人民大学出版社,2016,第80页。
[2] 宁立标、陈家恩:《能力、人权与反贫困——玛莎·纳斯鲍姆多元能力理论的反贫困价值》,《人权研究》2019年第2期,第60–64页。

CHAPTER 02 >>
第二章
比较主义的正义

相较于性别平等，性别正义更具备融合性别法律关系中形式平等与实质平等之间冲突的可欲性。那么，性别正义应当是怎样的一种正义理念就成为我们接下来需要面对的问题。关于正义问题的讨论从古希腊时代直到今天都未曾停歇，它仿佛也成为人类无法逃避的永恒话题。只要人们还共同生活在同一个世界，就无法放弃对正义的追寻。同样地，性别关系也是人类永恒的话题之一，人们对于性别关系的思考大概不会比正义问题来得更晚。于是，这里我们就需要一个时间的概念。换句话说，我们需要寻求的是一种能够满足当下女性主义法学理论需求的性别正义。于是，问题也就再次回到了女性主义法学本身。

第一节 东西差异与价值选择

在之前的讨论中，改换研究视角是我们为避免给中外女性主义法学人为制造更多隔阂所作出的努力。但中外女性主义法学之间的隔阂却并不局限于它们各自对学说流派的划分问题上。所谓的价值冲突，可能才是女性主义法学在"东西"这个问题上面临的最大困难。这同时也构成女性主义法学另一个无法回避的现实问题。

似乎全世界都信奉这样的一条"金规铁律"：西方价值自诞生的那天起，就充满了"自由"、"权利"以及"个人主义"的色彩。反之，东方价值，或者更准确地说是非西方的价值，总是与"秩序"、"义务"以及"社群主义"脱不开关系。伴随着西方殖民主义的崛起，西方价值开始在世界范围内盛行。但殖民主义的凶残与暴虐，自然也激起了非西方世界人民的英勇抵抗。同时受到谴责和非难的，还有被殖民主义一并带来的西方价值。在西方国家，所谓的西方中心论，随着非西方世界对西方价值的批判日益兴起。非西方价值也成为保护世界文化多样性、抵制西方文化霸权主义的合理存在。

一、女性主义的西方中心争议

女性主义运动发端于19世纪末20世纪初的西方世界，女性主义法学在20世纪60年代前后的美国产生。因此，女性主义被贴上西方中心主义的标签并不让人意外。女性主义法学内部也曾就这一问题进行过激烈的争论。这一轮"主义之争"大致发生在20世纪末21世纪初，正是西方价值遭到全盘抵制、西方中心论最为风靡的时期。然而巧合的是，1995年第四次联合国世界妇女大会上通过了一项名为《北京行动纲领》的国际公约，它被认为是联合国在推进性别平等方面最重要的三个法律文件之一，其中就明确提出了各国不同的宗教和伦理价值观念、文化背景以及哲学信念

等必须受到重视和充分的尊重。❶

　　此次会议过后,由这项行动纲领引发的关于"价值观尊重"的学术探讨在女性主义法学界日益增多。紧接之后的第二年,一个名为《印第安纳全球法律研究》(Indiana Journal of Global Legal Studies)的杂志就以"女性主义与全球化"为主题专门举办了一场学术研讨会,并将《北京行动纲领》及其可能带来的影响作为主要的议题之一。❷ 虽然这本杂志每年都会主办一次学术论坛,但当年度会议主题的选择无疑表明,价值观上的东西差异已经成为女性主义法学无法回避的一个问题。然而,令人遗憾的是此次研讨会并没能从结果上增进东西方之间的理论融合,反而加剧了东西方之间的分裂。因为此次参会的学者很明显地分化成"亚洲派"和"非亚洲派"。其中,亚洲学者认为,在女性解放的问题上,普遍性是相对微弱的,现有的女性主义理论在关于"社群主义"以及"公民权利"等问题上的主张,显然没能充分考虑到西方社会与非西方社会之间的历史和文化差异,非西方的社会伦理,不论是以宗教信仰还是民族主义意识形态的形式出现,它们所产生的

---

❶ 第四次联合国世界妇女大会《行动纲领》第 9 条规定:"《行动纲领》是完全按照《联合国宪章》的宗旨与原则和国际法拟订的,其目标是赋予所有妇女权利。充分实现所有妇女的一切人权和基本自由是赋予妇女权利的必要条件。固然,民族特性和地域特征的意义以及不同的历史、文化和宗教背景都必须考虑,但是各个国家,不论其政治、经济和文化体系如何,都有义务促进和保护一切人权和基本自由。通过国家法律以及拟订战略、政策、方案和优先次序等方式,执行本《行动纲领》是每一个国家的主权责任,但要符合所有人权和基本自由;对个人及社会的各种宗教和伦理价值观念、文化背景和哲学信念的重视和充分尊重应有助于妇女充分享有其人权,以实现平等、发展与和平。"据中国妇女研究网: http://www.wsic.ac.cn/internalwomenmovementliterature/71263.htm,访问日期: 2019 年 11 月 12 日。

❷ Alfred C. Aman, Jr., "Introduction: Feminism and Globalization: The Impact of the Global Economy on Women and Feminist Theory", *Indiana Journal of Global Legal Studies*, Vol. 4, Fall (1996): 1-6.

相应的区域文化和性别观念都是应当受到尊重的。而非亚洲的学者则认为,在女性主义的问题上强调文化冲突本身就是一件值得质疑的事情。于是,此次会议唯一达成的一致意见是全球化为女性主义带来的影响总体上来说是负面的,因为它使得统一共识的达成越来越困难,这涉及如何才能以最好的方式在全球范围内解决女性的问题。

这场关于文化霸权与文化尊重的争论,很快就蔓延到亚洲以外的其他前殖民主义受害地区。新墨西哥大学的安托瓦内特·塞迪洛·洛佩兹(Antoinette Sedillo Lopez)认为,女性,特别是有色人种和少数民族的女性,一直以来遭受了跨国界、跨文化以及跨社会群体、跨阶级的压迫,让人们意识到这种压迫是确实存在的。因为作为亚文化群体中的一员,有色人种和少数民族遭到了西方的文化霸权,不论是国际人权主义,还是国际女性主义,都必须在研究和理解他国文化以及法律背景的基础上推进,而不应当将某种价值观强加给他人。[1]

除了这些针锋相对、非此即彼的鲜明立场,也有部分学者为文化冲突的问题指出了"折中解释"的可能性。佩内洛普·E. 安德鲁斯(Penelope E. Andrews)曾在《全球化、人权与种族批判女性主义:边缘的声音》[2]一文中,以全球化的视角阐明了包括女性主义在内的国际人权主义被冠以文化霸权称号的缘由。她认为,

---

[1] Antoinette Sedillo Lopez, "Ethnocentrism and Feminism: Using a Contextual Methodology in International Women's Rights Advocacy and Education", *Southern University Law Review*, (Special Edition 2001).

[2] Penelope E. Andrews, "Globalization, Human Rights and Critical Race Feminism: Voices from the Margins", *Journal of Gender, Race and Justice*, Vol. 3, Spring (2000): 373-400.

女性主义，或者说人权主义被用作斗争语言是它们被指责文化霸权的主要原因，而这一切都是"全球化"的杰作。因为全球化的全球治理是以国家主权平等的神话为前提的，这一神话不仅掩盖了全球国家在经济上实际上并不平等的事实，而且进一步掩盖了许多国家为了获得某些经济上的利益而可能用"政治"主权进行交换的事实。当代政治话语本身就是自由民主霸权主导政治范式的体现。因此，从这个意义上来说，女性主义，或者说国际人权主义确实存在一定程度上的文化霸权嫌疑。然而，我们也应当看到，正是得力于联合国等国际组织在国际人权方面的不懈努力，才能够达成对于全球女性保护至关重要的《维也纳宣言和行动纲领》以及《消除对妇女一切形式歧视公约》等国际性文件。女性问题也才能够从原先相对边缘的地带逐渐走向全球话语的中心。

还有学者进一步表明，想要解决女性主义遇到的文化冲突问题，当务之急就是放弃当下围绕权利范式的普遍性的争论，去寻求可能达成普遍性共识的核心价值。这个价值就是人类尊严。尊严是对处于特定社会的人之内在道德价值的特殊文化理解，它是每个人与生俱来的，是一个人融入并接受特定社会之规范性文化制约的结果。尊严的概念指涉一个复杂内涵的人的概念，它既包括个人对自身显著特征的识别，这关系个人对自身自主权利与责任的认识，又包括个人对自身归属于一个更大的集体，并进而受到这个集体价值与集体利益制约的认识。在这之中，对于集体价值与集体利益制约的认识是人类尊严概念中最为重要的构成部分。人的固有尊严是无须国家同意的，是国际道德秩序不可侵犯的前提。同时，人的尊严又是与特定的文化背景、价值观念紧密相关

的。因此，人类尊严是能够实现价值融合的普遍性共识。❶

二、文化冲突的单一主义谬误

在冲突无法避免时，搁置争议、共同发展、寻求解决冲突的可能性当然是一个好的解决办法。但此处我们似乎忽略了另外一个更加本质的问题——文化冲突是否无法避免。换句话说，文化冲突是不是真实存在的。在这一点上，莱蒂·沃尔普（Leti Volpp）的意见值得我们关注。她认为，指责女性主义不尊重东方"传统"是对多元文化主义的误解。在她看来，文化冲突主义者坚持的是东方"传统"与西方"现代"并立甚至是对立的观点，即只有少数的一部分民族文化才被认为是传统文化，而所谓的理性文化被认为是西方的、现代的。由于女性的社会地位被看作衡量一个社会现代性的标准之一，因此女性主义是西方的，是与东方传统文化相对立的。甚至一些极端的文化冲突主义者认为，在西方国家存在性别不平等的现象是因为部分"坏人"作祟，而第三世界国家的性别不平等现象是文化使然。多元文化主义被用作解释第三世界国家女性遭受不公正对待的正当理由。于是，女性主义被认为是不尊重传统文化的，多元文化主义被认为是不尊重女性的。这种将女性主义放在多元文化主义对立面的做法，实际上是对立了"性别"与"种族"这两个毫不相干的概念。不同范畴的概念被当作彼此排斥的价值，这显然是一种误解，且这种误解是极其有害的。因为它不但掩盖了第三世界国家女性问题的根深蒂固，进而让第三世界国家女性误以为自己是不应该被"解放"的，同时它更分散了大家对于女性问题的注意力，把矛盾的焦点转移到

---

❶ L. Amede Obiora, "Feminism, Globalization and Culture: After Beijing", *Indiana Journal of Global Legal Studies*, Vol. 4, Spring (1997): 355-406.

了文化冲突的问题上。❶

事实上,文化冲突主义者之所以会将不同范畴、毫不相干的概念对立起来,主要缘于他们坚持的是仅仅依靠文化背景对所有人进行分类的单一主义原则。文化冲突观点的成立需要这样一个基本预设,即人们能够以当下所处的地域为依据被划分为各自独立且相互区别的"文化圈"。只有形成不同的文化圈才存在冲突的可能性。而人与人之间发生的各种联系,只被看作不同的文化圈之间的联系,个体相对于其所属文化圈的独立性,以及相同文化圈中不同个体之间的差异性均被忽略。这样的世界,哪怕只存在于理论的假设之中也是相当可怕的,因为它比我们实际生活的世界更具分裂性。既然各个文化圈之间既彼此独立又相互区别,这就否认了"人人生而相同"的人类共性;同一文化圈中的不同个体之间没有差异,这又否认了"人人生而不同"的多样性。可实际上,没有哪一个人能够被如此单一地定义,只具备某种唯一的属性。每个人都可能甚至肯定具备多重标签。只有承认人类世界的多样性,才能正确看待文化差异和多元文化主义。❷

那么,东西方之间的文化差异应当如何对待,换句话说,西方价值的特殊性到底在哪里,就是我们接下来需要面对的问题。前面已经提到,西方价值一直被认为是自由的、民主的、科学的。这些价值能否成为东西方文化彼此区别的关键信息,笔者认为答案是否定的。首先,自由价值确实是近代以来欧洲大陆对世界作出的重要贡献之一。可一旦回溯传统,我们也能很轻易地发现,

---

❶ Leti Volpp, "Feminism versus Multiculturalism", *Columbia Law Review*, Vol. 101, (June 2001): 1181–1218.

❷ 阿玛蒂亚·森、贝纳多·科利克斯伯格:《以人为本:全球化世界的发展伦理学》,马春文、李俊江等译,长春出版社,2012,第17–24页。

欧洲大陆在历史上作出过诸多与自由价值相悖的主张。当然，这并不能否认欧洲古典时期的先哲思想家们曾热情、真诚地讨论过自由的问题。❶只是这种试图将过往历史一分为二的"一刀切"做法，未免过于绝对。同样的道理，即便自由价值确实是西方文化发展史中的一个亮点，这也不能成为断言它仅存在于西方文化之中的理由。

类似地，民主精神也时常被视作西方价值中的经典。但想要以简单的一句话或者几句话来解释民主精神的内涵，这是轻率的，也是不可能完成的事情。可人们应当能够达成这样一个最基本的共识，即民主至少意味着公众参与或者公共讨论在政治决策中是极其重要的。而民主价值之所以会被视为西方世界特有的，这在很大程度上与古希腊时期，更准确地说是雅典时代，西方已经出现的投票与选举制度是分不开的。❷但即便如此，这也很难成为民主制度由西方世界"专属"的理由。因为这样的观点显然忽视了古希腊文明与其他古代文明之间可能存在的共通与联系。更为重要的是，即便投票与选举制度被视作现代民主之制度基础，这也不意味着只有投票与选举才是达成公众参与或者公共讨论的唯一途径。这在另一个方面忽略了在此之后的历史长河中，其他许多地区已经出现的与之类似的政治决策制度。因此，坚持认为民主价值只属于西方的观点是不严谨的。

最后，科学技术也被认为是西方价值的"专利"。这种观点的谬误之处与前二者相比可能更为明显。当然，我们不否认，自18世纪60年代开始直至19世纪末，由欧美主要国家引发的两次工业

---

❶ E. 博登海默：《法理学：法律哲学与法律方法》，邓正来译，中国政法大学出版社，2004，第39-43页。
❷ 何勤华主编：《外国法制史》（第四版），法律出版社，2006，第45-59页。

革命为人类社会以及技术革新作出的贡献是巨大的。但所谓的西方科学，无论如何也无法斩断它与非西方科学之间千丝万缕的联系。包括中国在内的，阿拉伯、伊朗、印度等众多具备科学技术发展历史的国家都在其中发挥了重大的作用。这样的例子不胜枚举。❶ 将科学只看作西方世界的发明创造，这无疑是对科学最大的反叛。

文化冲突主义者以一种单一主义的幻想，仅仅依靠文化背景将人类划分为不同的文化圈进而彼此对立，这种做法在方法论和历史观上都存在着极大的漏洞。首先，他们极其迷信文化这个属性对于定义和区别人类独一无二的重要性，而无视人类现实中的多样性；其次，他们极其粗糙并绝对地描述历史，对人类历史各类文明之间丰富多彩的文化交流与技术沟通视而不见。文化冲突观点才是对文化多样性以及多元文化主义的最大误解。

三、社群主义的价值选择自由

文化冲突主义者对于所谓的西方价值的抵触情绪，极大可能来自对殖民主义的警惕。的确，历史的伤痛不应该被忘记。在过去很长的一段时间里，资本主义给非西方国家带来的灾难并不比它为世界发展带来的利益少。承认并记住西方帝国主义曾经犯下的过错，与肯定所谓的西方价值为社会进步作出的贡献同样重要。我们必须清醒地认识到，一味抵触所谓的西方价值和盲目迷信西方，其实都犯了极端主义的错误。我们应当避免用同样狭隘的眼光看待西方和我们自己。东方世界在传统上或许确实存在"秩序"的社群主义色彩，但它同时也具备自由的、科学的部分。

---

❶ 阿玛蒂亚·森、贝纳多·科利克斯伯格：《以人为本：全球化世界的发展伦理学》，马春文、李俊江等译，长春出版社，2012，第3—7页。

我们必须承认，个体所处的社群及其文化背景对于个体的行动、思想都有着特别巨大的影响。同样地，个体的社会生活也无法避免地要受到特定社群及其文化背景的制约。就如同人的概念的复杂，人在对自身产生某种身份认同的同时，也必然涉及对于自身归属于某一个特定集体的归属感认同。而这种归属感就来自特定集体的文化背景。但即便如此，我们也无法将文化背景看作决定一个社会属性的唯一信息。

文化属性固然重要，但就像前面已经提到的，首先，它并不是唯一能够决定某一个体或者集体属性的依据。其次，文化属性本身也不是绝对一致的。即使在能够被称为同一种或者同一类文化社群的内部，也不可避免地会存在着各种各样的差异。更不必说正是这种文化内部的异质性，才使得文化自身能够持续不断地发展下去。再次，文化属性也不是一成不变的。这里除了文化演变的意思之外，还包含了历史变革、时代更替甚至政治决策对于特定社会文化属性的改造。最后，文化属性也不是能够凭空产生的。特定社会的文化属性，必然是与这一社会的政治、经济甚至地理环境等社会构成要素一同互动影响才形成的。

多元文化主义是极其重要并值得肯定的价值，当今世界非常需要多元文化。我们需要正确看待多元文化主义，就必须将其与文化保护主义区分开来。当下我们面对的问题不是"多元文化是否已经走得太远"，而是我们需要怎样的多元文化。多元文化主义包含了对文化多样性的追求，但它又不仅是对文化多样性的宽容。我们必须警惕"多元单一文化主义"的侵袭。多元单一文化主义"试图保持各种文化的分离状态"，并且已经实际获得很多自称多元文化主义者的极力支持：在他们看来，似乎"不同的文化必须被保存在隔离的盒子当中"；这种观点的狡猾之处就在于，它以多元文化的名义却在实际上保护了单一主义;因为"文化自由主义与文化保守主义可能经常发生冲突,如果以文化自由的名义捍卫多元文化主义的话,那么它很难被等同于毫不动摇地、不加思考地支持固守于某种先天继承下来的文化传统"[1]。

文化传统当然值得保护。但重视传统文化保护与多元文化主义并不是同一回事。即便对现有的文化属性进行调整,也不妨碍人们继续保留某些传统的生活方式。如同多元文化主义无法否决人们选择以传统的生活方式过活一样,文化保护主义也不能限制人们选择传统以外的生存方式。只有允许人们去过自己想过的生活,并为这种选择提供合理支持的社会,才能被称为文化多样性的社会。

特定的社群与文化的确会在一定程度上制约个体行为的选择。可这种制约并不意味着选择的不存在或是不可能。事实上,只要是选择就一定会受到某种制约。因为即便掌握了选择上的主动权,也仍然需要在可供选择的限度内"被动"作出决定。因此,认为社群主义下的人们集体丧失选择自由的观点是不严谨的。它完全否定了选择具备的多重可能性。社群与文化的因素只是提醒我们在作出某种判断或者决定时,必须考虑自身所处的特定社会现实状况以及由特定社群或者文化所共享的价值观,而不是否决我们这种选择的可能性。特定的社群与文化即便会影响选择,也不会在所有时候都绝对直接地决定人们的选择。况且前面也已经提到,在文化与社群内部还存在着大量异质性的元素,同时还有许多文化与社群以外的因素会对我们的选择产生影响。

东西差异是真实存在的,这一点我们无法否认。可东西方文

---

[1] 阿马蒂亚·森:《身份与暴力——命运的幻象》,李风华、陈昌升、袁德良译,刘民权、韩华为校,中国人民大学出版社,2009,第136页。

化各自内部的多样性以及东西方文化之间的密切联系，使得我们无法把所谓的东方价值与西方价值整体地对立起来。自由与秩序、权利与义务，以及公平、正义的话题必然是全世界人们共同的追寻。即使它们可能曾经未必以相同的形式出现，但它们一定存在于世界的每一个角落。

第二节　社会契约与社会选择

我们在前面曾经提到，依据社会契约原理，人们生活在两种不同的社会空间之中。其中，由国家依据法律予以规制的是公共领域，以公民参与、公共讨论为主要目的；而另外由公民自决、个人自治的那部分则是以私人事务为主的私人领域。但令人遗憾的是，女性因为作为公民的主体身份并未得到承认，因而自始便完全消失在以社会契约理论为基础的现代法律制度当中。这种从制度上抹杀女性存在，在法律上区分公共领域与私人领域的设计，不仅是对女性权利的漠视，更是以国家权威的方式确认了女性弱势地位的合理性与正当性。这是女性主义法学不能接受的。如此一来，社会契约理论与女性主义法学之间的紧张关系也就成为我们必须面对的问题之一。

"自16世纪市民社会和近代国家的兴起，到18世纪下半叶启蒙运动的展开，社会契约论基本上主导着西方世界的政治理念，它伴随西方民族国家的兴起和资产阶级政治统治方式的确立而稳固，并成为西方近代国家建设的指导性理论。"[1] 随着社会契约理

---

[1] 林奇富：《社会契约论与近代自由主义转型》，光明日报出版社，2010，第1页。

论的兴起，社会契约的缔结不仅成为国家权力正当性的最合理解释，现代法律制度也以这种理论为基点逐渐确立并发展壮大。

一、现代法学的社会契约基础

说起社会契约理论，人们最先想到的可能是自由主义，也可能是政治国家。但是从其源头上来讲，就不得不提及古典自然法学派。17—18 世纪的古典自然法学派，以天赋人权、社会契约等理论学说为依托，成为近代资产阶级国家民主和法治理论的重要基础。[1] 古典自然法学派主要经历了三个发展阶段。第一阶段发生在文艺复兴和宗教改革之后，以从中世纪神学与封建主义中求解放为主要目标。这一时期的古典自然法学，仍然将主权者以及主权者的智慧看作国家统治的关键。第二阶段以英国的清教改革为起点。这一时期的古典自然法学以政治哲学中的自由主义为其最主要标志。第三阶段发生在欧洲启蒙运动前后。这一时期的古典自然法学以人民主权思想为主导，并开始赋予法律以抵御国家权力的价值，人民的"公意"成为国家主权中最为重要的部分。[2]

托马斯·霍布斯（Thomas Hobbes）被认为是早期古典自然法学的代表人物之一。同时，他也被认为是法学之现代性的开启者。在霍布斯的理论当中，社会的主体是个人，但个人只有通过共同的契约，将全部的权利让渡给主权者，建立一个绝对主义、集权主义的"利维坦"才能实现政治统治权威。霍布斯认为，社会契约是国家及其主权者权力的唯一来源。这种权力的正当性来自人们的同意与承认，即同意让渡出全部的权利并承认国家与主权者

---

[1] 沈宗灵：《现代西方法理学》，北京大学出版社，1992，第 14–16 页。
[2] 韦恩·莫里森：《法理学：从古希腊到后现代》，李桂林、李清伟、侯健、郑云瑞译，武汉大学出版社，2003，第 77–170 页。

的统治。而人们达成这种契约的目的或者说原因,是确保"自然律"❶的实施。每个人天生都有对死亡的恐惧,和希望通过组织起来劳动获得生活必需品的欲望。自然状态无法满足人们的这种生存需求,于是人们只能放弃各自为所欲为的权利,共同遵守社会契约。主权者为了维持实施"自然律"所必需的和平与秩序,通过主权者的命令实现法律的统治。但主权者因为拥有至高无上的权力,无须受到法律的约束。

一个权力相对集中的国家,在对抗教会权力与封建统治方面是有优势的。但一个强大的统治者,尤其是不受法律约束的统治者,对于人民来说无疑就是一场灾难。古典自然法学的第一次转变就发生在此后对自由的关注和强调上。不同于霍布斯的绝对主义国家理论,约翰·洛克(John Locke)赞成的是"有限政府"❷观点。洛克认为,人们在缔结社会契约时,仍然保留了他们在前政治阶段的自然状态下所拥有的生命、自由和财产权利。在洛克的理论当中,人们建立政治国家仍然是为了抵御自然状态下的社会风险,但国家权力的运行必须以必要的目的为前提。这种必要的目的就是对人们财产权利的保护。人们通过契约授权立法机构制定法律,并交由行政机构负责实施和执行。立法权与行政权必须分别由不同的国家机构行使,且国家权力必须受到法律的约束。一旦权力被滥用或者侵害人民利益,人民有权收回授权并推翻国家权力。

如果说洛克还只是"部分"的分权思想,那么查理·路易·

---

❶ 霍布斯:《利维坦》,朱敏章译,吉林出版集团有限责任公司,2010,第60－76页。
❷ 洛克:《政府论》(下篇),叶启芳、瞿菊农译,商务印书馆,1964,第77－80页。

孟德斯鸠（Charles Louis de Montesquieu）的分权理论已经相当完整。孟德斯鸠认为，立法、司法、行政三项权力只有分别交由不同的国家机构行使，才能达到权力之间的相互制衡，以保障人民的自由与权利。❶ 事实上，美国的宪政制度基本就是在融合了洛克的自然法理论和孟德斯鸠的分权原则的基础上建立起来的。"美国宪法把政府分为互相独立的三个部分，并伴之以复杂的制衡制度以防止其中任何一部分明显地高于其他部分；显而易见，这种启示源出于孟德斯鸠的思想。""然而另一方面，洛克式的自然权利理论以及洛克有关人民有权反抗政府压迫的正当权利的理论，则构成了《独立宣言》的哲学基础。"❷

作为人民主权思想的倡导者，让·雅克·卢梭（Jean Jacques Rousseau）在社会契约缔结方式的问题上又回到了霍布斯式的理解。卢梭认为，国家的主权属于人民，但人们在缔结社会契约时，需要将一切权利让渡给国家。正是因为人民才是国家的主人，因此即便人们让渡出所有的权利，也并没有丧失自由。人们服从国家，实际上就是在服从他们自己。作为国家意志的"公意"，实际上是一般化了的所有人的意志。因此，人们服从这种"普遍意志"❸的具体表现形式——法律，其实也是在服从他们自己以另外一种方式出现的意志。卢梭的公意理论对法国大革命以及后来的法国宪政制度都产生了极大的影响。"由于卢梭把不容拣选、不容稀释、不容转述的全体国民的公共意志直接置放为公共权力合法性的基础，这就激发了在封建专制重压下挣扎的社会底层民众对

---

❶ 孟德斯鸠：《论法的精神》（上册），张雁深译，商务印书馆，1959，第209－218页。
❷ E. 博登海默：《法理学：法律哲学与法律方法》，邓正来译，中国政法大学出版社，2004，第63－64页。
❸ 让－雅克·卢梭：《社会契约论》，黄小彦译，译林出版社，2019，第45－48页。

其理论的欢迎,卢梭的思想也化作把民众汇入资产阶级大革命洪流的理论旗帜,卢梭缘此成为引发和推动法国大革命的最具感召力的精神导师。"❶

古典自然法学派的理论之深厚、影响之深远,远不是如此简单的叙述就能够涵盖的。当然,除了前面已经提到的这些理论家的部分理论,没有提到的还有更多。但仅是如此,已经能够帮助我们窥探到社会契约理论在现代法学之中的基础性地位。"古典自然法学家对法律调整的某些要素和原则进行了详尽的阐释,而这些原则和要素则是一个成熟的法律制度的基本先决条件。这样,他们就为现代文明的法律秩序奠定了基础。"❷

二、社会选择的比较分析方法

虽然人们对于正义问题的思考由来已久,但也是得益于古典自然法学的兴起,直到启蒙运动时期,关于正义的理论才真正蓬勃发展起来。这些社会契约式的理论家们在致力于发现理想的法律的同时,事实上也是对正义制度的构建。它们在理论上被统称为"先验制度主义"的正义学说。❸ "它具有两大特点:首先,它致力于探寻完美的正义,而不是相对而言的正义与非正义,即仅仅探寻终极的社会正义的特征,而不是对现实并非完美的社会进行比较研究。""其次,为了寻找绝对的公正,先验制度主义主要

---

❶ 林奇富:《社会契约论与近代自由主义转型》,光明日报出版社,2010,第67页。
❷ E. 博登海默:《法理学:法律哲学与法律方法》,邓正来译,中国政法大学出版社,2004,第74页。
❸ 阿马蒂亚·森、刘民权、夏庆杰、王小林等:《从增长到发展》,中国人民大学出版社,2015,第3-5页。

关注制度的正确与否，而非直接关注现实存在的社会。"❶

前面已经提到，女性主义法学认为，正是以社会契约理论为基石的现代法学从制度上否定了女性的公民身份，才使得女性丧失了作为法律主体的地位，进而形成男性对于女性的支配性权力。那么，为何在女性主义运动的第一次浪潮过后，女性已经获得了公共领域的公民身份，却还是无法在社会生活中真正享有与男性平等的现实地位。原因就在于，现代法律的正义制度仍然保留着社会契约式的先验主义，它无法从根本上破除法律在公共领域与私人领域划分上的壁垒，从而在面对两性之间形式平等与实质平等的冲突时束手无策。而性别正义的法律制度需要的，必然是能够将形式平等与实质平等统一融合的正义学说。先验制度主义的正义理论是无法满足这一要求的。

与仅着眼于制度安排的先验主义不同，还存在另外一类着眼于社会现实的比较主义的正义路径。正义的能力理论遵循的便是这种正义研究方法。森和纳斯鲍姆对于比较分析方法的信奉，使得他们在对社会正义的探讨中更侧重于对实际状况的考察。因此，他们对于不公正的社会现状也表现得更加警觉和敏感。他们认为，相比于设计一套无懈可击的正义制度，通过现实的比较，选择一个更有利于消除既有不平等的社会制度更具备可行性。❷ 由此，正义的能力理论在方法论上沿用了森在经济学领域的评价与排序方法，这种主要被他应用于社会选择理论中的比较主义研究方法。

---

❶ 阿马蒂亚·森：《正义的理念》，王磊、李航译，刘民权校译，中国人民大学出版社，2012，第5页。
❷ 阿马蒂亚·森、刘民权、夏庆杰、王小林等：《从增长到发展》，中国人民大学出版社，2015，第109－112页。

我们知道，先验主义的正义学说大都遵循一种程序正义的理论路径。❶ 它们致力于确立一种评价体系，运用预先设置的所谓正义必备的某些基本特征作为指标来衡量特定制度的正义与否。相较于结果与结论的正义性，它们更加注重程序上的正义。❷ 诚然，程序正义对于结果正义来说确实有着极其重要的意义。一旦发生程序上的不正义，我们很难断言由此得出的结论是正义的。这也是现有的主流正义学说大多采用先验主义路径的最关键原因之一。但我们也必须承认，程序正义与结果正义之间并不存在着某种必然的正相关关系。尤其是在社会正义的问题上，我们不免要对结果给予更多的关注。"程序观点是本末倒置的：显然对正义而言，最重要的是人们的生活质量，如果程序不能给我们一个与我们关于尊严和公正的直觉相一致的结果，那么，无论程序多么优雅，我们最终都将拒绝任何程序。"❸

正是因为先验主义的正义学说寻求的是一种程序上的正义，因此它在评价任何制度时都更依赖于首先将这种制度纳入自身程序之中的逻辑起点。这无疑也在某种程度上加重了先验主义正义学说在价值中心主义上的嫌疑。因为它所呈现出的是一种依靠固定的价值体系评判某种制度的外在表象。这样的分析路径很容易使那些不以社会契约理论为基础的社会制度，产生一种仿佛在价值原则上受到"冒犯"的错觉。关于东西方价值冲突的误会，恐怕在一定程度上也要归咎于这种先验主义的正义制度。而正义的

---

❶ 郭夏娟：《为正义而辩——女性主义与罗尔斯》，人民出版社，2004，第310－311页。
❷ 康坤：《关于纳斯鲍姆对正义主体拓展要求的思考》，《文学教育》2018年第12期，第48页。
❸ 玛莎·C. 纳斯鲍姆：《正义的前沿》，陈文娟、谢惠媛、朱慧玲译，中国人民大学出版社，2016，第58页。

能力理论以一种比较主义的正义研究路径,从结果出发,着眼于人们的生活现实而"不必相应地置身于由这样的问题所产生的秩序之中","审视一系列广泛的、正义问题可能潜藏于其中的问题和状况"[1],"消灭所见到的这个世界上的明显的不公正"[2]。

三、先验主义的非充分必要性

如果仅仅因为先验主义的正义学说以社会契约理论为基础并执着于对程序正义的设计,就断言比较主义的正义研究方法更具备可欲性,这样的讨论是粗糙且轻率的。先验主义的正义制度能够在很长的一段时间里持续占据主流正义学说的地位并不是毫无原因的。毕竟"建立起一套能先验地确立理想社会制度的正义理论"[3]的美丽愿景是极具吸引力的。否则,也不会有如此众多的理论家[4]致力于绝对正义制度的构建。可问题恰恰就在于,这种先验的绝对正义的制度是不可能也无须被构建的。

先验主义的正义学说在设计"作为公平的正义"制度时,始终围绕着这样一个核心的问题:"就规定公民之间进行合作的公平条款而言,这些公民被视为自由的和平等的、理性的和合理的,以及(我们再加上)世代相继、持续终生的正式的和完全的合作

---

[1] 玛莎·C. 纳斯鲍姆:《正义的前沿》,陈文娟、谢惠媛、朱慧玲译,中国人民大学出版社,2016,第60-61页。

[2] 阿马蒂亚·森:《正义的理念》,王磊、李航译,刘民权校译,中国人民大学出版社,2012,第6页。

[3] 阿马蒂亚·森:《正义的理念》,王磊、李航译,刘民权校译,中国人民大学出版社,2012,第5页。

[4] 一般认为,可被归类为先验制度主义的理论家有霍布斯、洛克、卢梭、康德、罗尔斯、德沃金等;而亚当·斯密、边沁、密尔、马克思等则被认为是比较主义的正义学说理论的代表。

成员，最可接受的政治正义观念是什么。"❶ 既然寻求的是"最可接受"的正义观念，这显然就已经预设了问题答案的唯一性。这种唯一性是否能够实现，我想这个问题或许永远都不会有答案。因为没有人能够断言在已有的正义学说理论当中，约翰·罗尔斯（John Rawls）与伊曼努尔·康德（Immanuel Kant）或者罗纳德·德沃金（Ronald Dworkin）相比，谁的看法是最可接受的；更不用说还有那些目前尚未出现而将来可能出现的最可接受的正义观点。显然，在正义这个命题上，或者在社会制度的选择问题上，都不可能存在一劳永逸的最佳答案。

既然无法确定唯一的最佳答案，那么先验主义的正义方法是否能够帮助我们寻找一个更优的社会选择结果，答案也应当是否定的。因为先验主义的正义方法从根本上就是构建式的，它无法完成比较主义的制度选择评价和优先次序排列。即便有些先验主义的正义理论也会涉及部分评价与权衡的研究方法，"但是它已经超出了先验主义方法的范畴，事实上是'比较'视角的基本内容"❷。从这个意义上来说，着眼于社会现实的比较主义的正义方法，比执着于制度安排的先验主义的正义理论更具备现实上的可欲性。我们不能仅仅寄希望于设计出一套最完美的社会正义制度，而在此之前都对眼前的不公正社会现状视而不见。任何在现阶段能够减少直至消灭既有不平等的社会制度，都应该成为我们的更好选择。

在这里，我们未免遗漏了一种"额外"的可能性，即以社会

---

❶ 约翰·罗尔斯：《作为公平的正义：正义新论》，姚大志译，中国社会科学出版社，2011，第15页。
❷ 阿马蒂亚·森：《正义的理念》，王磊、李航译，刘民权校译，中国人民大学出版社，2012，第88—91页。

选择的比较分析方法实现制度上的先验主义正义。令人遗憾的是，这种可能性同样无法实现。"即使我们不是从非等级的'正确的'社会安排，而是从有等级划分的'最好的'社会安排这一角度来考虑先验性，确定所谓'最好的'制度也不能告诉我们关于所有选择的全部排序。""它也没有给出一种唯一的排序，其中最好的状态稳居序列之首。事实上，许多不同的排序方法都有可能得出同一种最好的制度。"此外，"即使可能存在一种完美的制度，也不意味着，通过它来判断另外两种选择的相对优劣是必需的，或者说是有用的"。"在所有领域内，对两种选择进行比较判断一般都只是这两者之间的事，没有必要向第三种'无关的'选择去寻求帮助。"从这个意义上来说，先验主义的正义研究方法不仅是不充分的，而且是不必要的。❶

第三节 公共理性与全球正义

"在西方传统中，有许多达到社会正义的路径。""最强和最持久的理论之一是社会契约论"，它"最近在罗尔斯的杰出著作中以巨大的哲学深度获得发展"。"这些理论可能是我们所拥有的最强的正义理论。"❷ 但这种社会契约式的最强正义理论不仅在方法论上有着先验主义的不周延性，在其理论的开放性方面也同样存在

---

❶ 阿马蒂亚·森:《正义的理念》，王磊、李航译，刘民权校译，中国人民大学出版社，2012，第 88−91 页。
❷ 玛莎·C. 纳斯鲍姆:《正义的前沿》，陈文娟、谢惠媛、朱慧玲译，中国人民大学出版社，2016，第 2−3 页。

着无法避免的缺陷。❶

先验主义的正义理论家通常都选择将正义制度设定在特定的区域,一般是民族国家的范围之内。"作为公平的正义是应用于国内正义的——基本结构的正义","并且认为局部正义(local justice)的问题和全球正义(global justice)的问题(我称为'万民法'的东西)需要按照它们各自的特性分别加以考虑"。❷ 这在很大程度上就是因为先验主义的正义理论本身自带的封闭性,使得它们在面对世界性的问题时无法兼顾开放性的理论要求。此处,笔者拟以罗尔斯的相关理论为例,对这一问题作出说明。

一、原初状态的局限性

我们知道,罗尔斯关于正义的理论均是建立在"无知之幕"笼罩下的"原初状态"假设基础上的。他认为,一个国家内部关于基本结构的正义原则,是人们在缔结社会契约的同时,达成的一致同意的协商结果。"'作为公平的正义'复兴了社会契约学说","它将公平的社会合作条款,设想是那些参与社会合作的人会一致同意的条款";这意味着,人们在对正义问题达成一致同意时,需要同缔结社会契约时一样的"恰当的条件":"这些条件必须使自由而平等的人们处于一种平等的位置上,绝不能允许某些人比其他人占有更有利的讨价还价的优势";这也就是罗尔斯所说的"原初状态,连同我称之为'无知之幕'的东西"。❸

---

❶ 吴雯丽:《纳斯鲍姆政治正义中的"体面社会"》,《浙江伦理学论坛》2018年刊,第182页。
❷ 约翰·罗尔斯:《作为公平的正义:正义新论》,姚大志译,中国社会科学出版社,2011,第19页。
❸ 约翰·罗尔斯:《罗尔斯论文全集》,陈肖生等译,吉林出版集团有限责任公司,2013,第451–452页。

可遗憾的是，正是这个关于原初状态的理论假设导致了罗尔斯式的正义理论的封闭属性。我们知道，罗尔斯之所以作出原初状态的假设是为了确保社会契约或者说是正义原则在缔结的过程中能够保持其应有的客观性与中立性。罗尔斯希望，人们在协商正义的问题时不会受到个人特定的社会地位、宗教或哲学信仰、道德或善恶观念，甚至是种族、民族、社群以及性别、身体、智力等任何因素的影响，而仅在自由又平等的状态下达成一致的同意。同时，这种原初状态又被罗尔斯视为"一种代表设置"，"它铸造了我们此时此地视之为公平的条件"，"也铸造了我们认为是可接受的约束，即对适合于各派拥护此一政治正义观念而非彼一正义观念的各种理由的约束，各派可能采纳的这种正义观念，便一致认同了我们此时此地视为公平的，并可得到最好理由支持的正义观念"。❶

罗尔斯在这里提到了一种"可接受的约束"。即便在进行原初状态的假设时是以每个人的"无拘无束"为目的，罗尔斯也不得不承认，人们在协商正义观念的过程中还是会受到某种约束，只是这种约束被认为是可接受的。这种可接受的约束，大约就是罗尔斯这里提到的"此时此地"。"此时"自然指的是在原初状态下，人们缔结社会契约、协商正义原则之时。"此地"则是指参与协商的人们所处的特定位置，也就是达成一致认同的正义观念的国家所处的特定位置。这一"位置"信息时常被人们忽略，可事实上它被包含在了罗尔斯对于原初状态的假设之中。这一位置的约束，最先带来的就是人们观念上的地域性"偏见"，即便这种偏见是在以无知之幕为特征的原初状态下形成的。"罗尔斯'初始状态'中

---

❶ 约翰·罗尔斯：《政治自由主义》，万俊人译，译林出版社，2011年增订版，第21-23页。

的'无知之幕'是一个使人们超越其个人既得利益与目标来看待问题的非常有效的办法。但它对于确保开放地审视地域性的,可能是偏狭的价值观来说,却没有多少作用。"❶

与此同时,"此时"的时间信息也从另一个角度限制了罗尔斯式的正义成为开放性理论的可能。既然作为国家基本结构的正义制度是由原初状态之时的人们协商一致达成的同意结果,那么它自然地对在此之后生活在这个国家之内的所有人同样有效。因为"我们之所以引进一种像原初状态这样的理念,是因为:似乎还没有任何更好的方式,能从作为自由平等公民之间的一种公平合作体系的社会这个根本性的直觉理念出发,为基本结构阐明一种政治性正义观念"❷。"当我们思考社会的世代延续和它从前人那里承袭其公共文化与现存政治社会制度(与其世界资本和自然资源一起)时,这一点似乎更为明显。""一旦我们能够采取一种清晰而有条理的有关正义要求的观点,我们便会把社会设想为自由平等公民之间世世代代坚持的合作图式。"❸

在这里,罗尔斯似乎忽略了这样一个事实:原初状态之后世世代代的人们是否一定会出于本意地承袭前人的公共文化以及政治社会制度。前面已经提到过,罗尔斯的原初状态是一种代表设置。换句话说,在原初状态下达成的关于正义问题的一致同意,至多只代表了当时人们的协商结果。而在此之后世世代代的人们,由于并没有经历原初状态而丧失了被代表的机会。与此同时,罗

---

❶ 阿马蒂亚·森:《正义的理念》,王磊、李航译,刘民权校译,中国人民大学出版社,2012,第119页。
❷ 约翰·罗尔斯:《罗尔斯论文全集》,陈肖生等译,吉林出版集团有限责任公司,2013,第454页。
❸ 约翰·罗尔斯:《政治自由主义》,万俊人译,译林出版社2011年增订版,第23–24页。

尔斯设想下的国家内部之基本结构是一个完全封闭的社会结构。"它的成员只能由生而入其中,由死而出其外。"[1] 这也就是说,无论原初状态之后世代的人们对于社会正义抱有何种态度,他们都自出生之时起便被确定了所处社会的正义价值。而一个人于何时何地出生,恰恰是他最无法选择的事情。与此同时,关于国家内部之基本结构的一致认同,其本身也必然会包含对于国家人口、社会结构调整等问题的决策,也一定会涉及诸如婚姻、家庭、生育等社会制度的规划,进而直接影响原初状态之后世代的人们的社会生活。

另外,罗尔斯对于基本结构的封闭性预设也直接导致了他在正义理论上对涉他性的忽视。"我们把社会看作一个或多或少完备和自足的合作体系,它自身内部已为人们终身所需的一切生活必需和活动准备了空间。"[2] 显然,这样的社会大约也只能存在于理论的假设当中。任何个体或是社会都无法杜绝其与外部的联系。即便是在这样一个封闭的社会结构中,人们一旦达成了某种关于正义问题的一致认同,也势必会对其外部的社会结构产生或多或少的影响。除非确如罗尔斯所预设的一般,我们各自生活在与世隔绝的孤岛之上。

二、位置客观的相对性

通过前面的分析,我们能够发现,罗尔斯的正义理论在关于原初状态的假设问题上已经不可避免地被打上了封闭性的标签。

---

[1] 约翰·罗尔斯:《政治自由主义》,万俊人译,译林出版社 2011 年增订版,第 11 页。

[2] 约翰·罗尔斯:《罗尔斯论文全集》,陈肖生等译,吉林出版集团有限责任公司,2013,第 449 页。

无论是对位置、时间，还是封闭结构的预设，作为一个国家内部一致认同的正义观念，其在中立性和客观性上都是有局限的。但这种理论上的封闭性并不仅来自罗尔斯式的理论假设，它更主要来自对客观性的误解。

关于客观性问题的讨论，这本身就是一个极其庞大而复杂的课题，它绝不是只用一篇文章甚至一个章节就能论证清楚的。加之，文章的主要目的也并不在此，因此笔者拟仅就客观性问题中与本章节论题有关的部分进行简要阐述。客观性的问题之所以复杂，是因为人们至今都未能就它是什么、为什么以及何时何地如何产生等根本性问题达成共识。有些理论家甚至对它的存在本身都产生怀疑。而这一问题的庞大，除了有复杂的因素，更多还是因为它是一个与人类生活现实息息相关的现象，以至于每个人都可以给出他关于客观性的理解和认识。简单地说，人们通常会对客观性作如下解释：如果一个人能够不带任何情感、立场或者价值偏向地看待一个事物，那么他由此得出的结论才能被认为是客观的。

这不免会涉及认识论上问题。关于认识论问题的复杂程度，想必不会比客观性问题来得更小。但至少我们也可以达成这样的共识：每个人认识世界、认识事物都是存在一定限度的。这些限度首先来自人们所处时代的知识、科技、信息等条件的制约，其次来自个人自有的知识、科技、信息储备等能力水平的限制，此外还有来自人类感官、大脑、身体机能等生物性上的制约。诚然，随着人类社会的进步和发展，时代会发生变革，知识会更新，人类生物性上的制约也存在着被突破的可能性。但在特定的社会背景下，人们能够为客观地认识世界所作出的最大努力也仅仅在于对个人能力水平的提升方面。

由此，从认识论的角度来说，罗尔斯对原初状态的假设作出"此时此地"的约束是不无道理的。时间的重要性已无须多言，但位置对于认识客观性的影响却时常被人们忽略。它其实有一个与之虽不相同却原理相通，并更为人们所熟悉的"近义词"——角度。这里所说的角度，指的是一个人处于一定的位置上看待事物时所能达到的限度。这里必须说明的是，虽然人们看待世界、看待事物的角度经常与其所处的位置密切相关，但也确实存在处于同样的位置，却能以不同的角度认识事物的可能。类似地，当人们以同样的角度看待世界、看待事物时，也不意味着他们就一定处于相同的位置上。从这个层面来讲，角度与位置确实相关：虽然这二者之间并不存在某种必然的联系，但至少能为我们说明位置之于认识客观性的作用提供一些帮助。

不改变一个人所处的位置，却试图改变其看待事物的角度是极其困难的。即便可以，这种改变也是有限的。对于一个国家来说更是如此。而特定国家所处的位置显然是不容易发生改变的。因此，即使罗尔斯把无知之幕下的原初状态设计得如此滴水不漏，也无法突破作为一个国家内部一致认同的正义观念，在其客观性上的位置局限。因为所谓的国内正义在其客观性问题上所能达到的极致，也不过是确保任何处于相同位置上的人们都能得出一致的结论。从这个意义上说，罗尔斯的原初状态理论几乎已经达到了这种极致。这也正是罗尔斯的伟大之处。

但我们必须清醒地认识到，即便原初状态的理论假设已经近乎完美，可罗尔斯式的或者更准确地说是社会契约式的先验主义正义理论，都会因为局限于国家范围内的正义制度构建而不可避免其理论上的封闭性。这种封闭性直接导致了它们无法妥善处理世界性的问题。即便罗尔斯提出了他的万民法理论，同时宣称

"万民法是从政治自由主义内部发展出来的,并且它是将一种适合域内政制的自由主义的正义观扩展到万民社会得到的结果"[1]。可事实上,罗尔斯在他的万民法理论中也使用了与国内正义理论相类似的原初状态假设。[2] 换句话说,即便在全球背景下,国家基本结构的封闭性预设已经不再对世界的原初状态产生实质性的制约,但"此时此地"的约束仍然限制着这种全球正义的客观性与中立性。

这里必须特别说明的是,或许罗尔斯已经意识到了位置制约客观性的作用。因此,他才会对原初状态的理论假设提出如下条件:"如果把各派看作自由平等的公民代表,在公平条件的约束下寻求达成一种全体一致的协议的话,那么这就要求要把各派互相对称地安置在原初状态之内。"[3] 他试图通过对称位置的设计来确保原初状态下的各派能够得出一个相对中立的结论。但这样的设计没法抹除国家作为一个整体所具有的位置信息。这是"此地"对于国内原初状态的位置约束。而对于世界的原初状态来说,各国必须"匀称分布"[4]于各自的位置上,这种要求本身就是无法达成的。由此,世界的原初状态假设或许根本不可能成立。即便成立,在这种原初状态下,各国一致认同的正义观念也必定不是客观中立的。

---

[1] 约翰·罗尔斯:《万民法》,陈肖生译,吉林出版集团有限责任公司,2013,第52页。
[2] 约翰·罗尔斯:《万民法——公共理性观念新论》,张晓辉、李仁良、邵红丽、李鑫等译,吉林人民出版社,2011,第23-28页。
[3] 约翰·罗尔斯:《罗尔斯论文全集》,陈肖生等译,吉林出版集团有限责任公司,2013,第453页。
[4] 约翰·罗尔斯:《万民法——公共理性观念新论》,张晓辉、李仁良、邵红丽、李鑫等译,吉林人民出版社,2011,第25页。

三、全球正义的开放性

通过前面的论述，我们可以得出这样的结论，社会契约式的正义理论至少存在如下三种困难：其一，仅就国内正义而言，它无法突破时间对于其客观性上的制约；其二，就世界性的问题而言，它作为国内正义无法避免对涉他性的忽视和相对的客观性；其三，就全球正义而言，它无法保持应有的中立与客观。显然，试图"建立起一套能先验地确立理想社会制度的正义理论"的梦想暂时还无法实现。这与这种理论自身带有的封闭性是分不开的。但全球正义却是必需的。不只因为正义是人类共同的理想追求，也因为人们无法忍受社会的不正义：不论这种不正义是发生在自己身上还是他人身上。而作为全球正义，它的中立性与客观性是必然要求。在这一点上，开放性的理论显然比封闭性的理论要更具备可欲性。

罗尔斯式的"全球契约"或者说"全球国家"设想没能取得预期的效果。这是因为它除了在方法论与理论假设上存在局限性，还同时存在着现实操作上的困难。现在让我们假设，在世界的原初状态下，各国就正义的问题已经达成了一致同意的协商结果，同时也缔结了世界性的社会契约。那么，这个全球契约，或者说全球正义应该由谁来负责执行就成为一个问题。某个个人或者某个国家显然都不是好的选择。中立性的国际联合组织似乎更为合适。尚且不论这种国际联合组织能否永远保持绝对的中立与客观。即便可以，它在执行全球契约时也必然需要指定特定的国家来承担相应的国际义务。这就会带来相应的矛盾与冲突。

通常来说，承担这种国际义务的都是相对有能力的国家。因为世界的发展并不总是均衡的，而相对有能力的国家显然更具备更好发展的可能。换句话说，在没有其他外力介入的情况下，相对有能力的国家会因为发展得越来越好而承担越来越多的国际义务。这就极有可能带来这样的后果：这些有能力的国家不再愿意继续维持全球契约或者全球正义。那么，当这些国家违反全球契约或者全球正义时，其他国家能否寻求"救济"以及如何寻求"救济"就成了问题。为了保证这种全球契约能够被继续执行，我们需要执行它的国际联合组织具备某种国际强制力，甚至是制裁和惩罚其他国家的权力。但已有的现实告诉我们，不论这样的制裁或者惩罚是通过和平的手段还是非和平的手段进行，显然都已经与正义背道而驰。

全球契约或者全球国家的现实困难是否意味着世界性的正义理论是根本无法实现的幻想，或许未必。[1] 至少我们可以努力为其寻找某种理论上的可能性。此处让我们再次回到罗尔斯的世界。他的公共理性理论或许能给我们提供一些重要的启示。罗尔斯认为，公共理性是每个理性的个体、团体乃至政治社会都具备的以特定目的为优先作出相应决定的能力。它的公共性主要来自三个方面：因为每个个体都是理性的，因而"它是公共的理性"；它以"关系到根本政治正义问题的公共善"为主题；同时它的"本质与内容"也是公共的。[2]

公共理性的概念之所以能为我们思考全球正义提供参考，是因为在罗尔斯看来它与正义观念在内容上有着高度的一致性；也正因为如此，政治社会的公民个体才会对公共理性表现出普遍的

---

[1] 玛莎·C.纳斯鲍姆：《寻求有尊严的生活——正义的能力理论》，田雷译，中国人民大学出版社，2016，第71-78页。
[2] 约翰·罗尔斯：《万民法——公共理性观念新论》，张晓辉、李仁良、邵红丽、李鑫等译，吉林人民出版社，2011，第108-109页。

尊重。公共理性一般通过公共讨论的方式达成，它的合法性原则来自和正义观念相同的原初状态假设。但这里"必须强调指出，接受公共理性的理念及其合法性原则，并不意味着接受某一特殊自由主义的正义观念"；"我们可以对这些原则作出区分"，它们可能是人们在原初状态下一致同意的那些原则，也有可能不是，我们必须允许不同于原初状态下人们一致同意的另一种标准存在。❶

"事实上，这是人之常情，因为观点的全体一致无从期待。"❷由此可见，在罗尔斯看来，公共理性虽然在内容上与正义观念基本一致，甚至在理论假设上都共同依赖于原初状态，但它仍然有不同于正义观念的部分。这个不同于正义观念的部分被罗尔斯称为公共理性的"族类性"。公共理性"乃是那些族类性的合乎理性的政治之正义观念，而这一族类性［观念］又是随时改变着的"❸。显而易见，公共理性的族类性特征使其具备了克服正义观念"此时"封闭性的可能。而正义观念的"此地"封闭性及其相对的客观性，则可以利用公共理性的"包容性观点"予以解释。公共理性的包容性观点指的是，"假如我们只从公共理性出发，就不能要求它提供任何已选择的完备性学说所提供的答案"。"公共理性常常允许人们对任何一个特殊问题提出多种合乎理性的答案"，它"并不要求我们接受一模一样的正义原则"。❹

---

❶ 约翰·罗尔斯：《政治自由主义》，万俊人译，译林出版社2011年增订版，第206–209页。
❷ 约翰·罗尔斯：《罗尔斯论文全集》，陈肖生等译，吉林出版集团有限责任公司，2013，第647页。
❸ 约翰·罗尔斯：《政治自由主义》，万俊人译，译林出版社2011年增订版，"平装本导论"第36页。
❹ 约翰·罗尔斯：《政治自由主义》，万俊人译，译林出版社2011年增订版，第222–229页。

公共理性和正义观念一样，都是人们关于基本权利和自由等价值的一致协商结果，但不同的是"政治自由主义便不欲试图将公共理性，一劳永逸地固定为某种合人意的政治之正义概念"❶。公共理性的族类性和它作为包容性观点的特征，使得它具备了社会契约式的正义理论所不具备的开放性。在面对世界性的问题时，这种开放性更具备实现全球正义的可欲性。同时，公共理性甚至为我们此前讨论过的比较主义的正义研究方法也留出了可能的余地。即便全球契约与全球国家无法实现，但以比较主义的路径，通过开放的公共讨论，达成以正义为内容的全球的公共理性仍是可能的。这种全球的公共理性，构成比较主义的全球正义的实质性内容。

---

❶ 约翰·罗尔斯：《万民法——公共理性观念新论》，张晓辉、李仁良、邵红丽、李鑫等译，吉林人民出版社，2011，第116页。

CHAPTER 03 >> 第三章
性别主体理论重塑

以社会契约理论为基础的现代法律制度,从诞生那天起就在制度设置上否定了女性的法律主体资格。即便在女性主义运动的第一次浪潮过后,女性已经在公共领域取得了某种"赋权式"的公民身份,也仍然没能在社会现实中成为与男性平等的法律主体。究其原因,就是由于这种身份赋予并没能打破法律制度上对公共领域与私人领域的划分,从而未能从源头上解决女性在法律主体身份上的理论冲突。这必然会给女性发展和权利保护带来负面影响。同时,这也为后来的后现代女性主义预留了理论上的生存空间。而后现代女性主义的出现,却在实际上进一步加剧了女性群体在法律主体身份上的困难。性别正义的法律制度应当能够回应这种主体理论上的困难,性别正义的法律主体理论也应当能够包容并解决女性在主体身份问题上所必须面对的与男性之间的性别差异,从而为女性取得正当的法律主体资格提供源头上的理论支撑。

第一节　女性的法律主体困难

事实上，关于女性的法律主体身份问题一直都是围绕着"女性是什么"这个核心问题展开的。这一点并不难理解。概括地讲，作为法律主体的资格就是成为法律上的人的资格。[1] 要说明女性与男性拥有一样的人的资格，势必首先要讲清楚"女性是什么"。当然，我们在前面也已经提到过，这个问题还是对性别差异问题的另一种说明。正因为如此，关于何为差异以及如何定义女性的问题从来就是女性主义法学内部理论交锋最为激烈的领域之一。大多数的女性主义法学者也都以此为立论基础并进一步发展和开拓自己的学术阵地，同时，这也成为女性主义法学与其他相关学科互相区别的关键性问题之一。可令人遗憾的是，即便在女性主义法学内部，至今也未能就"女性是什么"的问题达成共识。于是，这就带来另外一个分离性的后果：女性作为法律主体的资格，因为性别主体理论上的分歧而存在着无法自圆其说的内在矛盾。

一、"无性"的法律主体

我们在前面已经提到，女性主义法学在定义女性时总是离不开对差异问题的解读。同样地，关于女性的法律主体身份的理论自然也与差异问题脱不开关系，因为只有厘清了人与人之间在性别上的差异问题，才能在此基础上进一步讨论法律主体资格与性

---

[1] 胡玉鸿：《法律主体概念及其特性》，《法学研究》2008年第3期，第3页。

别之间的关系问题。这个问题看起来似乎并没有讨论的必要,因为人们总是更倾向于认为法律主体应当以"无性人"的形态出现才更有利于公平正义的实现。毕竟在"法律面前人人平等"的理念影响下,人们很难接受法律的主体资格需要以特定的性别身份为要件的观点。

但此处必须强调的是,法律不论性别地保护每一个人,与法律主体是否应当作为"无性人"存在是两个截然不同的问题。对于前者,想必不会存在与之相悖的意见,无须多作讨论。而后者则与女性主义之于法学的最重要的理论贡献之一——社会性别(gender)概念相关。事实上,这一概念是女性主义在女性已经取得公共领域的公民身份之后,对于女性仍然不能拥有与男性平等的法律主体地位这一社会现实思考之后的理论总结。[1] 社会性别"是指在特定社会、经济、政治和文化背景下形成的属于男女两性的群体特征和行为方式"[2]。社会性别理论认为,两性之间所呈现出的社会差异"与生物性因素并不具有直接的决定与被决定的关系","不同的民族文化对性别特征的影响远远超过了先天的生物性因素"[3]。社会性别作为"一种社会建构"[4],充分体现了两性关系中,男性相比于女性的支配性地位,从而成为"法律建构性别关系的历史和逻辑起点"[5]。

男性与女性之间的生理差异是天然形成的。通常来说,这些

---

[1] 郭夏娟:《为正义而辩——女性主义与罗尔斯》,人民出版社,2004,第295-304页。
[2] 马姝:《法律的性别问题研究》,中国社会科学出版社,2017,第64页。
[3] 周安平:《性别与法律:性别平等的法律进路》,法律出版社,2007,第14页。
[4] 苏珊·穆勒·奥金:《正义、社会性别与家庭》,王新宇译,中国政法大学出版社,2017,第5页。
[5] 孙文恺:《法律的性别分析》,法律出版社,2009,第41页。

差异被认为是由两性之间不同的性染色体决定并作为区别人类自然性别的依据而存在的。因此，男性通常比女性更具备身高、体格以及力量等方面的优势；而女性则在生育方面拥有男性所不具备的功能性特征。这些生物性上的差异的确会在一定程度上影响两性在社会生活中的群体特征与行为方式，但这种差异也只局限于此。我们很难仅仅因为一对染色体的不同，就据此得出男性更具备理性、坚强、独立、冒险的群体特征，而女性更偏向情绪、软弱、依赖、顺从的行为方式。❶ 即便这样的结论并未能得到迄今为止的生物科学等自然学科的有力支撑，可它还是被冠以"科学"的名义，理所应当地被应用在社会生活的方方面面。❷

这种社会化了的性别差异，人为地赋予了男性更适合所谓的公共领域社会生活的性别特征。由此，与公共决策、法律实践等相关的社会事项也被认为是男性更能胜任的事务。因为这类事务均需以人的理性为前提条件，而女性被认为是非理性的。随着以"理性"为要件的法律制度的出现，女性在丧失法律主体地位的同时，还丧失了"法律上的性别"。"法律的正义与平等的价值理念均是在'无性'的状态下进行理解的，人与人之间的法律关系均作'无性'的抽象处理，而实际的结果往往就是男性单方面的理解与阐释。"❸ 这也就是说，以"无性人"形态出现的法律主体，在实际上呈现的却是被社会性别标记为男性的主体性特征。这样的主体建构很难被称为正义的。❹ 法律制度应当不论性别地保护每一个人，可法律主体却绝不应当以这种"无性人"的形式存在。

---

❶ 李银河：《两性关系》，华东师范大学出版社，2005，第247–268页。
❷ 布鲁诺·拉图尔：《自然的政治：如何把科学带入民主》，麦永雄译，河南大学出版社，2016，第68页。
❸ 周安平：《性别与法律：性别平等的法律进路》，法律出版社，2007，第27页。
❹ 郭夏娟：《为正义而辩——女性主义与罗尔斯》，人民出版社，2004，第304页。

可以说，这种看似"无性"的有性是对女性所面临的法律主体困难的最好概括。而法律要从"有性人"的角度重新定义主体也绝不是赋予特定性别以更加优越的法律地位。相反，这是为了去除原有的法律主体自带的社会性别属性。❶ 只有如此，所谓的主体才是符合性别正义之理论价值的真正的无性主体。

二、主体概念的消解

社会性别概念的提出，确实是女性主义在否认生理差异决定论方面做出的重大理论贡献。女性主义自身也在这个理论的助力下发展壮大。但出乎人们意料的是，随之而来的还有女性主义内部日益明显的理论分歧。❷ 社会性别的分析范畴原本只是为了解释两性之间社会差异的人为建构。可事实上，人与人之间的差异并不只存在于性别之上，阶级、种族、国籍以及宗教信仰、教育经历、职业背景等都可以成为人们彼此区别的社会特性。于是，关于差异的"建构性"质疑也以原本的性别概念为原点，迅速向外蔓延并最终导致了女性概念自身的消解。❸

我们在前面已经提到，社会性别是在女性主义运动迎来第二次浪潮时才被提出的。在此之前的女性主义，对于两性差异的认识还只局限在自然性别的层面上。这也是早期的女性主义者执着于为女性争取与男性"形式平等"的法律地位的原因之一。但彼时的她们其实已经意识到，两性之间的生理差异不应当成为女性处于性别弱势的理由。但是鉴于自然性别的不可跨越性，女性主义

---

❶ 苏珊·穆勒·奥金：《正义、社会性别与家庭》，王新宇译，中国政法大学出版社，2017，第249页。
❷ 李银河：《女性权力的崛起》，文化艺术出版社，2003，第131–147页。
❸ 克瑞斯汀·丝维斯特：《女性主义与后现代国际关系》，余潇枫、潘一禾、郭夏娟译，浙江人民出版社，2003，第70–84页。

者只得提出两性之间无差异、男女都一样的维权口号。可这样的结果却是女性不得不以与男性相同的标准来要求自己。因为只有如此，女性才能在与男性的竞争中获得所谓平等的机会。这样的争取不仅没能让女性获得期望中与男性实质平等的法律地位，反而更加重了女性在社会生活中的性别压力。

正是在如此背景下，女性主义引入了社会性别的概念，并开始正视两性之间的性别差异。为了否认男权建构下的生理差异决定论和相关论，社会性别概念下的性别，其社会属性愈加被凸显，女性作为人的自然属性也相对地被削弱。前面也曾提到，在这场关于差异问题的讨论中，以有色人种为代表的部分女性提出了女性不应该只因性别被定义的看法，种族、阶级等因素也都是人的社会特征之一，这些特征在回答"女性是什么"的问题时不应当被忽略。女性主义是尊重差异的。于是很快地，这些观点也引起了其他女性的热烈回应。渐渐地，女性概念所需要涵盖的"差异"越来越多，女性主义法学内部的流派也越分越细，直至最终，再也没有人能为"女性是什么"这个问题给出令所有人都满意的答案。

当时间来到20世纪末，一种新的理论异军突起，这就是后现代法学思潮。关于后现代法学思潮的理论内涵，显然不是通过如此简单的表述就能够予以概括的。但它之所以被称为后现代，很大一部分原因是它在许多核心问题上都与已有的现代性理论持有相反或者相对的立场和观点。❶ 比如，现代法学认为真理是能够被认知的，所有问题都至少存在唯一正确答案；而后现代法学认为，各种经验和知识存在着相当大的不一致性，为现代法学提供理论

---

❶ 高中：《后现代法学思潮》，法律出版社，2005，第19-26页。

基础的形而上学的认识论是值得怀疑的。❶

后现代主义与女性主义法学的结合并不让人意外,甚至还存在着某种程度上的必然。在法律主体的问题上,这一时期的女性主义法学也表现出了与后现代主义理论的高度契合。❷"在后现代法学的视野中,'主体'是碎片化的、无中心的。而所谓的'法律主体'不过是特定的社会中主流话语为了自己的利益,以法律的名义人为构建的产物。在此过程中,有色种族、贫穷的白人妇女、同性恋者、持不同政见者等边缘群体,则被排斥在法律所保障的'主体'之外。"❸后现代的主体理论似乎帮女性主义法学彻底"解决"了棘手的主体问题。女性主义者们不用再执着于回答或争辩"女性是什么"的问题,因为连"法律主体"本身都极可能只是一种社会建构。所谓的客观性与普遍性都成为虚幻的"谎言",人的自然属性已经变得不再重要,两性之间的生理差异与自然性别当然也不值得再被讨论。

三、"有性"的女性群体

后现代思潮无疑是伟大的,它令我们重新认识语言、权力、真理以及知识本身,它在法学学科与非法学学科之间建立联系,极大地丰富了法学研究的维度,它甚至还创新了人们的认识逻辑和思考方式。更为重要的是,后现代的主体建构学说为女性主义法学找到了理论自洽的出口。但后现代主义的独特优势也同时构成它"耀眼"的缺陷:只有理论上的自洽并不能给现实问题的解

---

❶ 特里·伊格尔顿:《后现代主义的幻象》,华明译,商务印书馆,2014,第5-26页。
❷ 冯俊、弗兰西斯·弗·西博格、高宣扬、玛丽安·霍布森、石计生:《后现代主义哲学讲演录》,商务印书馆,2003,第116-145页。
❸ 高中:《后现代法学思潮》,法律出版社,2005,第23页。

决指明方向。❶ 这一点对于法学研究来说尤为突出。后现代的法律主体理论不仅没能助力女性取得与男性实质平等的法律主体地位，甚至还从根本上消解了女性、消解了主体。女性主义法学也在后现代思潮的影响下，逐步陷入"自我怀疑"的旋涡。

关于这一点，最突出的表现就是女性主义法学开始对社会性别理论提出疑问。前面已经提到，社会性别的概念一度被认为是女性主义最有力、最坚实的理论核心，是女性主义之于法学等社会学科最为重要的理论贡献之一。但随着后现代女性主义的日益盛行，越来越多的疑问不断被提起："社会性别到底是不是我们要讨论的词语？或者是否生理性别的话语建构其实才是更基本的？又或许，我们要讨论的是妇女群体或个别妇女，以及/或男性群体与个别男人？"❷

我们需要讨论社会性别，也需要讨论女性的群体与个体。我们不仅要讨论，还要努力将社会性别的属性从法律主体的定义中抹去。我们需要改变法律主体原本的"无性人"形象，改从"有性"的角度重新看待法律主体。❸ 为实现这一目的，人的自然性别与社会性别都是不可或缺的。与此同时，通过前面的论述，我们也不难看出，女性主义法学在女性主体的形态问题上其实也经历了三次理论上的转变。在女性主义运动初期，女性主义者仅以生物属性来解释两性之间的性别差异，女性以自然性别的群体形态出现在法律理论与社会现实当中。此后，随着社会性别概念的出

---

❶ 特里·伊格尔顿：《后现代主义的幻象》，华明译，商务印书馆，2014，第148-152页。

❷ 朱迪斯·巴特勒：《性别麻烦：女性主义与身份的颠覆》，宋素凤译，上海三联书店，2009，第16页。

❸ 周安平：《性别与法律：性别平等的法律进路》，法律出版社，2007，第26-27页。

现,女性主义者逐渐意识到两性之间社会性别差异的重要性,同时开始争论女性内部的社会性差异,从而忽视了两性之间的自然性别差异。此时的女性,更多以社会性别中的个体形态出现在法律理论之中。直到后现代女性主义兴起,社会性别、自然性别、女性的个体与群体均消失在了法律理论当中。可不论理论如何转变,社会现实中始终存在着一个被称作女性的群体。她们不会因为所谓的女性在法律理论中存在形式的变化而发生改变。因此,在任何颠覆现有的性别认定理论出现之前,我们也只能基于当前已知的生物特性来鉴别人类的自然性别以及女性群体。

当然,这也会带来问题。生物科学理论发展至今,已经有所谓的"跨性别"者等少数特殊群体存在。至于"跨性别"者应当如何认定自然性别的问题,已经是另外的课题,此处不多作讨论。但"跨性别"者以及"同性恋"者等少数群体的存在,至少说明了尊重个体特性的重要性。[1] 这同时也构成我们无法放弃社会性别概念的另外一方面理由。由此,从这个意义上说,法律主体的概念必须将作为群体的女性和作为个体的特性都考虑在内。

自社会性别被提出以来,女性主义法学一直延续着尊重个体特性的价值导向,却越来越忽视女性群体的存在。或许也是由此才引发了女性主义法学的内部分裂,并进而导致其日渐式微。同时,历史的现实已经证明,这种"只讲个体、不论群体"的主体范式对于女性权利的保护是有害无益的。[2] 因为自然性别上的差异,女性与男性相比,必然在生理条件上处于相对的劣势。不论是身高、体能、力量等方面的生理差距,还是生育、哺乳、生理期等带来的身体负担,这些都表明女性群体需要法律给予比男性

---

[1] 李银河:《性别问题》,青岛出版社,2007,第 195–219 页。
[2] 李银河:《女性权力的崛起》,文化艺术出版社,2003,第 188–195 页。

更加特殊的关怀与保护。这就意味着，在女性作为特殊的法律主体出现时，必须能呈现出一定的性别特质。事实上，也只有这种作为群体的身份资格得到认可，女性才能够取得享受法律上特殊保护的正当性理论依据。只有从法律上，以制度的形式对女性与男性之间既彼此平等又互不相同的主体资格予以确认，才能实现对性别正义的法律主体理论的重塑。

第二节 女性的法律主体重构

后现代思潮以其怀疑主义、解构主义的力量，不只消解了女性、消解了主体，还消解了法律本身。但我们也应当看到，"作为一种策略，'解构'在批判和摧毁'二元对立'的同时，又建构和实现原有的、'二元对立'所不能控制的某种新因素和新力量，造成彻底摆脱'二元对立'后进行无止境的自由游戏的新局面"[1]。因此，从这个意义上说，后现代主义的解构与建构其实是一体两面的。事实上，后现代给女性主义法学也不仅仅带来解构。因为即便法律能够被解构，"正义是不可解构的"[2]。于是，后现代思潮影响下的女性主义法学，在试图消解女性的同时也为我们重构法律主体带来新的可能。

一、主体重构的前提

朱迪斯·巴特勒（Judith Butler）的"性别操演"理论被认为

---

[1] 冯俊、弗兰西斯·弗·西博格、高宣扬、玛丽安·霍布森、石计生：《后现代主义哲学讲演录》，商务印书馆，2003，第304–305页。
[2] 高中：《后现代法学思潮》，法律出版社，2005，第52页。

是后现代主义在主体重构问题上给出的最具可行性的方案之一。假如巴特勒的设想能够成立，人的性别是"操演性"的，那么性别对于个体来说就不再是确定而不可变更的。进而，以这样的个体为核心建构的法律制度，其主体也将不再具备所谓的男性特征。从这个意义上说，性别操演理论确实能够通过对性别概念的解构，使得法律上的主体不再具备任何性别上的特性，从而实现法律主体的性别"中立"。这似乎确实能够平衡现代法律制度在主体与性别问题上的矛盾冲突，并同时满足女性主义法学对于尊重个体特性的需求。

那么，巴特勒的方案是否切实可行，这个问题还要从另一位后现代主义大师米歇尔·福柯（Michel Foucault）的谱系学批判理论说起。自20世纪末以来，法律学界就存在着这样一个"略显奇怪"的现象——许多学者对于从未写过一本法律专著的米歇尔·福柯的理论颇为关注。笔者在此处提及他，一方面是因为巴特勒的性别操演理论深受福柯式的谱系学批判理论影响；另一方面，更是由于关于主体消解问题的讨论乃是自福柯之后才真正成为后现代主义的主题。[1] 毕竟只有在主体被消解的前提下，法律才需要建构主体，也才会有所谓的主体重构理论的存在。

"人的消失"[2] 是福柯在主体消解问题上最著名的论断之一。他以结构主义的理论为出发点，认为"人类中心论"根本不具备所谓的真理基础。作为"主体"的人从来都不是话语的中心。而真正建构这一切的是也仅是权力。[3] 福柯认为，现代知识其实是一

---

[1] 马姝：《法律的性别问题研究》，中国社会科学出版社，2017，第106-112页。
[2] 米歇尔·福柯：《词与物：人文科学的考古学》，莫伟民译，上海三联书店，2016年版修订译本，第307-347页。
[3] 米歇尔·福柯：《规训与惩罚：监狱的诞生》，刘北成、杨远婴译，生活·读书·新知三联书店，2007，第29页。

个典型的权力话语体系。各种知识,包括哲学观念、道德意识以及社会制度等在内都是被权力归化到体现某种社会特权的被建构的所谓的知识当中的。于是,这些知识所标榜的所谓真理与正义也是值得怀疑的权力的建构。在这之中,法律制度的所谓普遍性与客观性,事实上也只是掩盖其被话语权力主导的合法性"外衣"。法律的主体自然也是这种话语建构下的虚拟假设。而一直以来,为这种法律提供理论框架的社会契约理论正是促成这一切的"帮凶"。[1]

对于巴特勒来说,福柯式的谱系学批判研究路径引发了她强烈的理论共鸣。她对于福柯提出的"充斥着权力"的性的观点深表赞同,这同时也为她提出性别操演理论奠定了前提性的基础。她认同福柯对于"性别"的单义性建构,即人就只是他或她的单一性别,而不会是另一种相对的性别:这样的定义首先是为了保证社会对于性欲的管理和控制;其次,这还掩盖了各种既不相同,又互不联系的性功能,并进而将它们人为地统一起来;如此定义下的"性别"才能在话语之中以"原因"的形式出现,才会被认为是一种内在本质。[2] 在这里,福柯使用了"逆转话语"的研究路径,他将"性别"视为结果而非缘由,以此来批判将"性别"视作单义性的、具有因果关系的社会建构。

巴特勒认为,福柯借助"性别化"的概念充分地阐释了性别实际只是"一套社会规则"的本质。而法律制度则以这样的"社会规则"为指导,确立了人们认识自身社会性别乃至自然性别的原则。当人们对于性的讨论为关于性别的讨论所掩盖时,性与性

---

[1] Douglas E. Litowitz, *Postmodern Philosophy & Law*: *Rorty*, *Nietzsche*, *Lyotard*, *Derrida*, *Foucault*, Lawrence: University Press of Kansas, 1997, pp. 65–66.
[2] 朱迪斯·巴特勒:《性别麻烦:女性主义与身份的颠覆》,宋素凤译,上海三联书店,2009,第125页。

别也就被"自然化"了。同时，性与性别的这种自然化又进一步掩盖了这一话语权力建构的过程本身。❶ 在巴特勒看来，福柯或许已经意识到了真实性别概念的非必要性。"虽然福柯没有看到自己与精神分析的密切联系，但他十分明白由并非完全地被意图控制的话语实践产生的'不在意的后果'具有破坏性和变革性作用。"❷ 这也是巴特勒认为的福柯式的性别解构理论的不足之处。正是在这个基础之上，巴特勒建立了她自己的性别操演理论，并使得已经被福柯消解掉的主体具备了被重构的可能。❸

二、建构主体的操演

巴特勒回答了福柯所没能说清楚的问题。"想要一劳永逸地决定性别、判定它确属某个性别而并非其他，这样的欲望似乎是由于社会对性别再生产的系统化而产生的，而这种系统化的达成，在于建构清晰明确的身份以及性别化的身体之间的相对位置。"❹ 这就是说，巴特勒认为性别概念的建构本质上是为了建立两性之间的身份对立。由此，她便彻底挑明了自然性别"被自然化"的事实。而法律不过是人们用来将这种"被自然化"的过程合法化的手段之一。❺ 从这个意义上说，法律主体不仅不需要社会性别，

---

❶ 朱迪斯·巴特勒：《消解性别》，郭劼译，上海三联书店，2009，第211页。
❷ 朱迪斯·巴特勒、欧内斯特·拉克劳、斯拉沃热·齐泽克：《偶然性、霸权和普遍性——关于左派的当代对话》，胡大平、高信奇、蒋桂琴、童伟译，江苏人民出版社，2004，第166页。
❸ 朱迪斯·巴特勒：《身份之重：论"性别"的话语界限》，李钧鹏译，上海三联书店，2011，"导言"第26－27页。
❹ 朱迪斯·巴特勒：《性别麻烦：女性主义与身份的颠覆》，宋素凤译，上海三联书店，2009，第144页。
❺ 朱迪斯·巴特勒：《身份之重：论"性别"的话语界限》，李钧鹏译，上海三联书店，2011，第185页。

甚至连自然性别也应当被抛弃。因为只有主体实现真正的无性别，法律才能够在性别关系的问题上保持应有的中立与客观。

正是从这个角度出发，巴特勒在理论上否定了自然性别与社会性别的区分。她放弃了曾经一度被认为是女性主义最有力、最坚实的理论核心——社会性别的概念。假如福柯与巴特勒的性别理论能够成立，自然性别本身就是一种社会建构，那么把社会性别解释为文化对于自然性别的又一次人为建构，似乎确实没有必要多此一举。"生理性别/社会性别的区分暗示了生理上性别化的身体和文化建构的性别之间的一个根本的断裂。"❶更进一步地说，这种"断裂"甚至助了自然性别的"被自然化"。由此看来，巴特勒撇开社会性别不谈似乎就显得合情合理。因为她选择了另外一个更加"釜底抽薪"的办法——解构主体的自然性别。

与福柯的看法相似，巴特勒认为人类身体的客观性也存在着"被自然化"的嫌疑。事实上，自然性别与社会性别的区分是必然需要以人类身体的自然性作为前提的。这一点并不难理解。如果连身体本身都是话语建构的结果，那么以区分两性之间身体差异为关键的自然性别也必然是一种社会建构。在这个问题上，巴特勒延续了福柯的谱系学批判研究路径，依据与性的性别化相类似的原理，将对人类身体的客观性质疑进一步细化。在她看来，"社会规则"借助将身体环境区分为"体内"与"体外"的话语，掩盖了身体"被自然化"的事实。正是因为人类的身体有内外之分，且体内与体外能够成为两个互不连通又彼此独立的"空间"，因此身体才是客观自然的。可事实上，这种体内与体外的空间区分所依赖的人类身体的"无法渗透性"是根本"不可企及"的。由此，

---

❶ 朱迪斯·巴特勒：《性别麻烦：女性主义与身份的颠覆》，宋素凤译，上海三联书店，2009，第8页。

人类的身体是不可能维持这种内外有别的二元划分的。这也就是说，人类的身体也是非自然的话语构建的产物。既然身体已然"不存在"，那么也就不会再有所谓的人或是主体的存在。这便是巴特勒对于主体概念的消解。

然而，巴特勒的讨论并没有止步于此。前面也已经提到，巴特勒之所以解构身体的概念，其实是为了解构自然性别所作的准备。她认为，既然身体没有所谓的内外之分，那么社会性别所坚持的因为"被内在化"的社会文化而形成的两性差异的群体特征与行为方式就无法成立。这是她对于社会性别概念之充分性的否定。再者，既然连身体本身都是"被自然化"的，那么依据两性身体差异作为区分的自然性别也必然是"被自然化"的。这个"被自然化"的过程就具体表现为个体的性别操演行为。"性别化的身体是操演性的，这表示除了构成它的真实的那些各种不同的行动以外，它没有什么本体论的身份。"❶

在巴特勒看来，"社会规则"指导下的性别概念通过主体的行动、姿态、演绎实践，投射在主体的身体之上；这种操演性的行为，在塑造一个性别化的身体的同时，也建构了一个性别化的主体。性别操演行为可以被视作一种"戏仿"或者"表演"的实践，它需要被不断重复、反复演绎。同时，性别操演行为还是一种"公共的行动"，它具备社会所赋予的某种特定含义。但它不应当被理解为"主体的作为"，反而是它"创建并巩固了主体"。❷ 这就是说，假如性别的操演性能够成立，那么通过性别操演的实践，

---

❶ 朱迪斯·巴特勒：《性别麻烦：女性主义与身份的颠覆》，宋素凤译，上海三联书店，2009，第178页。

❷ 朱迪斯·巴特勒：《性别麻烦：女性主义与身份的颠覆》，宋素凤译，上海三联书店，2009，第184页。

已经被消解的法律主体就能够实现重构。

三、不可达成的性别

性别操演理论着实很有吸引力。这种理论最奇妙的地方就在于，它在消解了性别、消解了主体的同时，还给我们预留了再次建构主体的理论空间。巴特勒对于福柯的谱系学批判理论的创造性继承，为已经被"女性是什么"的问题追问到几乎"无路可走"的女性主义法学带来了转机。因此，操演理论受到了许多女性主义法学者的青睐。所谓的性别，不过是性别化了的操演性行为；所谓的主体，也不过是由这些性别操演行为建构出来的身份范畴。由此，女性和男性一样，借助性别操演的实践行为，理所应当地拥有法律上的主体身份。

可事实上，这里遗漏了一个至关重要的核心：在巴特勒的性别操演理论中，主体的性别身份是永远都不可能达成的。这也就是说，即便性别确实是操演性的，但因为这种操演行为需要被不断重复、反复演绎，因此它永远都不可能停止。正因为它永不停歇，所以它只能是一个持续性的、时间性的概念。而主体的建构，也只有在这个持续不断的过程当中才能够实现。从这个意义上说，巴特勒的性别操演理论实际上是通过打破性别概念的外延，以此实现对性别概念内涵的扩展。这种理论上的突破无疑是值得肯定的。我们在前面已经多次提到，女性主义法学最为重视的理论价值之一便是对个体特性的尊重。同时，女性主义也确实需要一种能够同时面向所谓的"跨性别"者以及"同性恋"者等少数群体的兼容性主体理论。性别操演理论做到了这种尊重与兼容。那么，它是否能够解决女性在法律主体身份上的性别差异问题，并为女性取得性别正义的法律主体资格提供理论支撑，答案可能是否定的。

通过前面的论述可以发现，巴特勒的性别操演理论虽然能够为女性主义法学给出关于性别与主体问题的合理解释，却依然没有办法回答"女性是什么"的问题。这里需要强调的是，在巴特勒的语境下，性别的概念与女性的概念是不具备相关性的。这也就是说，我们没有办法依据她关于性别的论证来解释女性。一方面，这是因为巴特勒式的性别身份是始终无法达成的一种持续性过程；另一方面，更是因为巴特勒在解释性别概念时，本身就排除了它被解读为任何一种单一性别——"要么男，要么女"——的可能。这正是巴特勒以及福柯关于性别的谱系学批判理论中最为核心的部分。

可即便女性主义法学愿意接受这种后现代主义的解构主张，彻底抛弃女性的概念，只寻求法律上的主体正义，这样的意愿恐怕也是很难实现的。前面已经提到，现代法律制度下的主体，虽然以一种"无性人"的形态出现在法律文本之中，但实际上却具备了社会性别概念下的男性特质内核。可在巴特勒的性别操演理论中，并没有所谓的社会性别，更没有男性或内核的概念，甚至连法律本身都是可疑的。在巴特勒看来，个体的"性别化"与"主体化"是同时进行的，且都有赖于个体的性别操演行为。这也就是说，即便可以通过操演性的实践行为重构主体，也无法实现法律上的主体正义，更不用说对女性权益的特殊法律保护。

在现有的社会环境与制度框架下，任何抛开法律的权利保护都是虚幻的。否认这一点，就是否认女性主义一直以来的努力以及已经取得的成果。如若不是为了给女性群体争取更多的正当权益，女性主义或许根本就不会出现。要实现女性主义保护女性权益、实现女性发展的目的，社会性别的概念仍然是必要的，因为我们需要用它来改变当下的法律秩序；相应地，自然性别的概念也必不可少，因为只有作为一个群体被承认，女性的概念才具备其应有的意义。[1]

第三节 理性的自然主体建构

巴特勒的性别操演理论并没能实际解决女性的法律主体困难。这在很大程度上是缘于它的"去自然化"特性。而正是女性主义法学对于主体之社会性的过分倚重，才导致了其自身在这一问题上的理论分歧与无法自圆其说。这种法律主体定义中的唯社会性值得我们反思。主体的自然属性与社会属性是相互关联的，二者不可偏废。我们急需一种兼具"自然性"的主体建构理论。

一、建构的运动

提及"自然性"的建构理论，无论如何都无法避开布鲁诺·拉图尔（Bruno Latour）的政治生态学。拉图尔以一种后现代主义的分析进路，为政治生态学建立了一种全新的概念语境。这项理论既是拉图尔对于政治认识论的奇崛诠释，也是他关于现代性问题的另一种解构主张。之所以说政治生态学是另一种解构主张，是因为拉图尔秉持的是一种建构性的思维逻辑。

拉图尔认为，所有现代性问题，从根本上说都源于旧式的主体与客体、自然与社会、事实与价值、理性与非理性的二元分立认识论。这种认识论极其荒谬，人为地打破了人类与非人类之间的联结性，割裂了自然与历史之间的关联性，分裂了前现代、现

---

[1] 朱迪斯·巴特勒：《脆弱不安的生命——哀悼与暴力的力量》，何磊、赵英男译，河南大学出版社，2013，第20页。

代与后现代之间的连续性。[1] 拉图尔的政治生态学尝试反思这种认识论的所谓"常识"对于常识本身的违背,转而以"多元自然主义"的观念,试图重建自然与社会之间的联系。拉图尔将这种"运作"称为"建构运动"。

在拉图尔的建构运动逻辑下,被建构的对象统称为"集体",是人类和非人类关系的多样性的"集合"。拉图尔拒绝传统政治学与生态学上将人类生活从理论上划分为自然与社会的做法。他认为,与人类生活有关的一切"实体"都应当被集中到一个"更宏大、更宽敞、更有机、更综合、更全面且更复杂"的概念之下。[2] 但这种集体概念的建构并不是通过将自然与社会简单地相加就能够实现的。建构运动需要经过特定的程序,才能将其所涉及的实体集成一个整体。而这种程序是对两种权力的四次行使,它包含了"考量"和"排序"两个阶段。

在拉图尔的政治生态学理论中,任何集体都"保留对自然和社会的生产,并且通过对于外部真理和法律主体的创造使得尺度的改变成为可能"。"这一混合体使用前现代人的范畴将杂合体概念化,同时又保存了现代人之纯化工作的最终结果,亦即一个不同于主体的外部自然。"[3] 他认为,集体并非一种已经建立的单元,而是集合人类与非人类的一种程序。于是,时间点的选定就变得有意义。因为在不同的时刻,运作到不同阶段的程序势必会令这个集体呈现出不一样的局面。拉图尔将集体通过建构一定数量的

---

[1] 布鲁诺·拉图尔:《我们从未现代过:对称性人类学论集》,刘鹏、安涅思译,苏州大学出版社,2010,第 15 - 56 页。

[2] 布鲁诺·拉图尔:《自然的政治:如何把科学带入民主》,麦永雄译,河南大学出版社,2016,第 108 - 110 页。

[3] 布鲁诺·拉图尔:《我们从未现代过:对称性人类学论集》,刘鹏、安涅思译,苏州大学出版社,2010,第 153 页。

实体而完成了其第一个周期的时刻,称为"t_0"时刻。而"t_0"时刻的成立,就意味着特定的集体已经将一部分的实体排除在外,从而形成了一个集体的外部世界。这些曾被外部化并试图回来敲响集体的大门的实体,被称为"上诉人"实体。

这部分实体在提出上诉之后,有权力"审判"这些上诉的首先是建构程序中的"考量权"。考量权在这个阶段被行使,首先是为了提醒集体不应该在讨论中简化要加以考虑的议题数量。假如上诉实体被认定为不应当被简化的那部分议题,那么它将迎来考量权的第二次行使,即验证它是否应该被包含在未被任意缩减的应当参与议题表达的声音之内。至此,考量阶段结束,排序阶段随之而来。"排序权"在此阶段亦需要经过两次行使,迫使上诉实体和集体共同回答这个问题:我们能够共同存在于同一个集体之中吗?一旦议题得以制定,新议题自此取得在集体生活的"合法地位",并且不再受到质疑。

此处让我们暂且忘掉"t_0"这个时刻,让集体恢复成为一个连贯的建构运动。那么从这个意义上讲,任何实体进入集体都必须要经过考量权与排序权的四次行使,并在它被纳入集体之前不断循环、重复建构。这也就是说,"外部不再是固定不变的,不再是呆滞惰性的","而只是一种建构了明确目标的外化程序"。[1] 换句话说,这种建构的运动使得相关的一切实体被纳入一个共同的集体之中成为必然。

二、集体的议题

这里需要强调的是,拉图尔式的建构运动事实上存在着这样

---

[1] 布鲁诺·拉图尔:《自然的政治:如何把科学带入民主》,麦永雄译,河南大学出版社,2016,第 195–450 页。

一个预设的前提:集体的世界里没有所谓的主体与客体之分,人类与非人类均能够充分地表达自己的声音并被视为拥有相同"身份"的实体或者议题。前面已经提到,拉图尔拒绝将人类的生活划分为自然的与社会的。几乎基于同样的理由,他对于所谓公共生活中的"公民"身份也持怀疑态度。从这一点看,拉图尔的政治生态学与女性主义法学在理论上是契合的。但拉图尔之所以否定"公民"概念,是为了表明"说话不再是人类特有的一种属性,或至少人类不再是其唯一的主人"❶。

他认为,在多数情况下,"我在说"和"事实在说"其实是很难区分其界限的。这并不难理解。毕竟任何人在说话的时候,总是需要以一定的事实或者经验作为依据的。于是才会有"空穴来风、未必无因"的说法。同时,任何事实在传递某种信息时也必定需要借助特定的人的表达才能够被获悉。即便这个特定的人可能是所谓的科学家,他也只能被认定是经过科学实验的事实的"代言人"。于是,从这个角度来说,区分"人"与"物"、"人类"与"非人类"就变得不再有意义。基于此,主体与客体的概念区分也变成了画蛇添足。在拉图尔看来,只需将这些范畴统一置换为实体或议题,并以之建构集体,就能够实现所谓的"事实"与"价值"之间的互通。

拉图尔的政治生态学,确实为我们解决女性主义法学的主体问题提供了一种全新的思路。假如他的建构运动和集体理论能够成立,那么当法律被看作一个集体时,原本应当以主体范畴出现在其中的议题,必然是包括女性的。同样的道理,所谓的"跨性别"者以及"同性恋"者等少数群体也将作为议题之一,在集体

---

❶ 布鲁诺·拉图尔:《自然的政治:如何把科学带入民主》,麦永雄译,河南大学出版社,2016,第127页。

中占有一席之地。这样的集体建构，甚至免去了人们区分自然性别与社会性别以及解释性别是什么的麻烦。事实上，拉图尔在他的理论中也多次表达了对于女性问题的关注。他曾表示，生态运动可以被看作女性主义运动在范围上的扩大。❶

但即便政治生态学与女性主义法学在理论上高度契合，这种议题集体的建构也无益于女性法律主体身份的重构。前面已经提到，拉图尔的理论其实是在建构逻辑下的解构。虽然他所有理论的出发点都是建构性的，但这也无法掩盖他在事实上解构了主体概念。拉图尔的建构运动与集体理论，确实为法律容纳女性议题预留了可能的空间，但相应地，所需付出的代价却是法律主体的消亡。既然主体已经变得不再有意义，那么又何谈主体的建构。又或者，是否存在这样的可能：放弃主体的概念，仅寻求女性议题在法律集体中的表达参与。遗憾的是，这种破釜沉舟的做法也无法实现女性主义法学所寻求的对女性权益的特殊法律保护。

不得不说，拉图尔的政治生态学有一个与其他的后现代主义理论最大的不同之处——它承认国家与法律的重要性。拉图尔将它们称为"第三权力"或者"跟进权"。拉图尔强调，我们"需要有一个国家，也需要法律"，但它们"仅仅是以一种新方式投入工作的技能，以促进集体成为一个整体并使其运作"。这个工作的技能就是为建构集体而进行的"试验"；但"务必不要把它混同于考量权和排序权"，它只是程序性的而非实质的权力，"唯一得到认可的权力，是考量权和排序权"。❷ 由此不难看出，拉图尔虽然承

---

❶ 布鲁诺·拉图尔：《自然的政治：如何把科学带入民主》，麦永雄译，河南大学出版社，2016，第97页。

❷ 布鲁诺·拉图尔：《自然的政治：如何把科学带入民主》，麦永雄译，河南大学出版社，2016，第205–446页。

认国家与法律的必要,但却不认为国家与法律具有考量或者排序集体之议题的权力。我们知道,要实现法律上的权益保护,至关重要的一点是法律需要具备一定的评价与衡量机制,以便在各种权益之间出现冲突时能够给出相应的结论或至少是一个评判的依据。法律最根本的功能就是定分止争,也只有如此才能形成所谓的法律秩序。但在拉图尔的集体建构理论中,不仅法律不具备这种功能,连他极为看重的考量权与排序权也都无法达成某种集体上的秩序。

经过前面的讨论我们知道,拉图尔虽然给集体两大权力之一的排序权以"排序"命名,但实际上它并不具备任何排序的实质功能。拉图尔所谓的排序,只是"事关议题安排的问题"。然而,拉图尔可能已经发现对实体进行地位排序的重要性。由此,他才要求排序权"在新实体和旧实体之间形成一种等级"。但至于这个等级是什么、应当如何确定,拉图尔却没有给出答案。在他为集体设计的五类"功能性"专业"角色"中,"道德家"被认为是最有可能实现这种等级排序的人群,但"他们不可能有助于任何东西","毋宁说,我们要求他们提醒我们,我们必须找到一种秩序,而不是两种秩序"。❶ 这就是说,排序权对于拉图尔式的集体建构来说,最核心的功能并不是确定议题之间的地位等级,而是打通认识论上所谓的"事实"与"价值"之间的壁垒。

三、自然的理性

拉图尔的政治生态学以集体的建构运动,彻底打破了主体与客体之间的隔阂。法律的概念虽然得以保留,但它也不再需要主

---

❶ 布鲁诺·拉图尔:《自然的政治:如何把科学带入民主》,麦永雄译,河南大学出版社,2016,第 205-446 页。

体的范畴，有的只是持续增多的各个议题。女性作为议题之一，显然具备参与集体生活的合法地位。拉图尔试图避免将集体变成诸多议题聚集的大杂烩。但他对于集体排序功能的理论设置，显然没能帮助他实现这样的愿望。议题与议题彼此不分轻重、不论大小地排列在一起，它们之间最大的区别也不过是被纳入集体的时间早晚。这样的范畴设置，对于破除传统认识论上事实与价值、自然与社会、理性与非理性等二元对立的既定框架是极其新颖有益的。因为只有打破自然与社会之间的界限，人类与非人类才能以同样的身份共同存在于一个集体之中。从这个角度来说，模糊议题与议题之间的地位等级甚至是更为有利的。但这却是与法律的功能以及法律秩序的实现相违背的。拉图尔式的议题集体的建构理论，与其说它未能解决女性在法律主体身份上的困难，毋宁说它对法律价值的整体实现来说都是困难的。

  但拉图尔的理论仍然极具价值，它提醒我们关注自然的重要性。这对于女性主义法学来说尤为重要。前面已经提到，长久以来，女性在法律主体身份上的理论分歧，很大程度上就是由于忽视女性的自然属性而造成的。那么，既然已经在理论中引入了"自然性"，为何还不能解决问题就值得我们思考。事实上，拉图尔的政治生态学与巴特勒的性别操演理论在某一点上显得尤为相似：他和她都试图以打破特定概念外延的方式来丰富其内涵。在分析性别操演理论时我们就提到，巴特勒解构了自然性别，并以此来说明它是一种社会的建构。政治生态学也与之类似，不同的只是拉图尔同时解构了自然与社会，代替以全新的议题范畴，并在此基础上建构集体。这两种尝试均未能取得令人满意的效果。如此一来，我们就只剩下一种可能的尝试，即打破某种社会建构的外延，在其中融入一定的自然内涵。

让我们回到问题的最初：女性在法律主体身份上的困难是如何产生的。我们已经多次提到，这是由于法律自诞生之时起就被认为是理性的。继而，理性的法律以女性不具备理性的特质为由，将女性拒绝在法律之门外。女性主义运动的第一次浪潮过后，女性虽然被赋予了公民的身份，但法律的世界依旧被理性统治。彼时的女性主义者提出了社会性别的概念，试图戳穿"只有男性是理性的"以及"理性才是优越的"谎言。这种尝试确实为当时女性法律地位的提升带来了积极的影响，但也未能最终打破法律的理性"光环"。正当理性之争陷入胶着，后现代主义登上历史舞台，理性与法律、性别与主体统统被"打碎"，一同丢进历史的尘埃。可见，在女性未能取得应有的法律主体地位的历史过往中，"理性"自始至终都扮演着至关重要的角色，甚至可能比性别与差异本身更加重要。由此，我们或许可以从理性的范畴入手，尝试展开讨论。

这里，笔者并不打算为理性作任何形下定义式的概括。不仅因为这本身就极难实现，更因为笔者接下来的讨论并不以事先确立一个统一的理性的概念为必要。在社会契约式的现代法学理论中，普遍存在着这样一种共识：理性制约着人的行为选择，当且仅当人们作为理性的人时，其行为才被认为是合理的；这就是所谓的理性决定论。事实上，人的行为选择并非只受到理性的制约。或者更进一步地说，人在非理性时，并非一定不会作出合理的行为选择。在这个问题上，经济学中的"有限理性"学说值得我们关注。

所谓"有限理性"，经常被用来解释人在某些时候作出的与理性选择存在偏差的行为。这也就是说，并非所有的人在任何时候都一定会作出绝对理性的行为。甚至有些时候，会出现明知按照理性的要求应当如何选择，实际人们却并没有如此行为的情况。

这在经济学中也存在对应的理论，被称为"有限的意志力"或者"不充分的自制"。现代经济学一般认为，非理性因素对于人的行为选择有着极其重要的影响。关于这一点，现代法学理论中理性范畴应当是与之相通的。

此外，理性决定论还隐含了这样一种价值预设：人们只作对自己有利的选择。这种有利既可以是对行为人的事实有利，也可以是对他人的事实有利，但行为人能够因此获得他人的支付对价或是好的评价等。这种价值上的预设就意味着，任何人在作出任何行为选择时，都必须经过足够审慎的思考与判断。可事实上，很多时候人们并不会如此"精明"，依靠"惯性""直觉"甚至是"下意识"作出选择的情况比比皆是。这种不精明的行为选择方式，并不能成为直接否定这些行为在结果上合理的原因。❶

那么，为了确保人的行为选择的合理是否必须以人的理性作为唯一要件，这显然也是没有必要的。理性确实能指导人们作出合理的行为选择，但在另外一些情况下，习惯、情感甚至是冲动的情绪也能引导人们作出不妨碍他人的合理行为。就像前面提到的，人并非时时刻刻、一切行为都具有明确的目的性。同样的道理，人的习惯、情感等因素也并不一定都是"非理性"的。从这个角度讲，自然的，也可以是理性的。

由此，我们可以对法律中的理性范畴进行重塑：在其中融入那些被认为是"女性化"的习惯、情感等因素，使法律主体在理论上同时具备理性与自然的双重内涵。❷ 假如，这样的理性自然主

---

❶ 阿马蒂亚·森：《正义的理念》，王磊、李航译，刘民权校译，中国人民大学出版社，2012，第 164–176 页。
❷ 叶晓璐：《好生活与脆弱性——阿伦特和纳斯鲍姆相关思想论述》，《山东科技大学学报（社会科学版）》2016 年第 4 期，第 105–108 页。

体假设能够成立[1],那么法律上公共领域与私人领域的划分就不攻自破,自然性别与社会性别之间的关系也不再紧张,人类的个体特性与女性的群体特征均被保留在法律主体的范畴之内,法律主体的无性正义得以实现,女性的法律主体身份困难也得以根本解决。

---

[1] 玛莎·C.纳斯鲍姆:《善的脆弱性:古希腊悲剧与哲学中的运气与伦理》,徐向东、陆萌译,译林出版社,2018,第445-446页。

CHAPTER 04 >> 第四章
性别法律制度重置

　　女性的法律主体身份问题,可以说是与现代法律制度相伴而生的,只是直到性别范畴被纳入法律研究的维度后才凸显出来。任何有关性别关系的社会制度一旦宣称是正义的,就需要对当下女性所面临的主体困难作出回应。性别正义的法律制度应当以"完整的人"来重塑主体理论,如此才能从源头上赋予女性与男性同等的法律地位。而人之所以是一个完整的人,正因为人不仅具备传统现代法学意义上的理性,还同时具备情感、冲动、直觉等"自然性"。传统意义上的法律主体理论对人进行"理性""切割",不仅毫无意义,甚至没有必要。当然,这只是性别正义的法律制度对于女性主体身份问题的回应,这种理论进路的更多可欲性与可行性还体现在它对于性别法律制度基本原理的应然性设置上。

第一节　正义的多元价值内涵

既然关于法律主体的理论已经被重塑，那么作为主体之行为评价标准的正义价值也应当作出相应的调整。这并不难理解。如果完整意义上的法律主体假设能够成立，那么行为主体在作出行为选择时将不再只依赖于唯一的理性动机。动机的多元必然也会带来行为选择的多元。进而，只有多元化的价值评价体系才能够满足性别正义的主体理论与法律制度需要。而这种多元评价体系下的正义标准也必然是一种"组合"式的价值理论。

一、多元动机的行为选择

为了尽可能地使法律上的主体理论能够符合或者接近性别正义的理想价值标准，我们尝试扩大了理性范畴的内涵与外延。我们将法律主体定义为一个"完整的人"：他不再只以传统意义上的理性作为唯一必备要素，情感等人的"自然性"也被视作理性主体的构成要素之一。前面已经提到，我们之所以作出这样的假设，依据的是经济学上的人的理性的有限性理论。

传统的主流经济学认为，人的理性具体表现为行为选择动机上的内部一致性与外部一致性。简单地说，内部一致性就是指人在作出行为选择时必然会受到理性的约束，以至于人在任何情况下都不会作出与理性行为相悖的选择。关于这一点，我们在前面已经作出了讨论。而外部一致性，则对应了两种不同的理性定义。一种理解认为，理性制约下的人将始终以自我利益的最大化作为行动目标。而另一种理解则认为，理性的人会天然地以其所处团体或者集体的利益最大化作为行为动机。事实上，这三种关于人的理性的经济学定义一直被视为主流学说并时常被人们提起。但随着经济学理论的发展，越来越多的经济学家开始提出人的"有限理性"、"有限意志"以及"有限自利"等有关理性的限制性条件理论，以此反思传统意义上的理性概念局限。

人在作出行为选择时确实会受到理性的制约。但这也无法成为行为动机之内在一致性的必然理由。"自利"也确实是人在理性条件下最可能作出的行为选择之一。但这也不意味着所有非自利的行为都是非理性的。关于这一点，在团体内部或是社会生活等带有集体性质的环境中体现得尤为明显。即便是对于经济学原理知之甚少的"普通"人也会对这样一个朴素的经济学常识表示赞同：如果一个集体内部的所有人都以个人利益的最大化为行为动机，那么最终的结果将会是没有人能够实现个人利益的最大化。同样地，任何以集体利益最大化为目的的个人行为，也无法最终实现整个集体利益的最大化。一方面，这是由于个人能力以及获取信息的有限性造成的。任何个人都无法断言，自己的每一个行为选择都是对自身或者集体最为有利的。因为个人始终无法获取关于整个集体的全部有利信息，也无法实现对所有自身或集体有利行为的等级排序，自然也就无法作出个人或者集体利益最大化的动机选择。另一方面，这也是缘于总量的确定性与资源的有限性。在经济学上，之所以会对人的理性作出外部一致性的定义，就是因为"利益"在总体上是有限的。在给定的集体环境下，任何个人的利益最大化必然意味着其他个人的相应利益丧失。集体利益亦是如此。

由此可见，人的行为动机，尤其是在社会条件下，并非全都出自所谓的理性选择。同时，所谓的非理性动机也并非一定不会引发理性的行为。关于这一点，需要我们从另一个角度看待刚刚讨论过的集体利益最大化问题。"当个人的选择考虑到更广泛的结果（包括群体行动、过程，等等），而不仅仅局限于个人的目标时，仍然有可能考虑一个将这些广泛的价值纳入进来的'似真目标函数'，从而将这人视为最大化行为者。（源于义务或其他理由的）约束的力量不但可以整合进一个最大化行为中（事实上，所有最大化行为都服从各种实质性的约束），而且只要你愿意，也可以嵌入一个恰当扩展后的最大化目标内。"❶ 这也就是说，个人的非自利行为，甚至是一些服从性的、无意识的行为，都有可能带来和理性选择相同的行为结果。前提是需要对集体的利益目标作适当的扩大。

依据性别正义的理想价值标准，我们为法律主体设定了"完整的人"的概念内涵。在此种理论假设下，行为主体对于自身行为的选择呈现出多元化的动机特征。而这种多元动机的合理性，在一定程度上依赖于社会价值目标的充分性。反过来讲，性别正义的价值标准须是一个多元目标的价值评价体系。

二、多元目标的权衡评价

如果我们的假设能够成立，那么个人行为选择动机的多元化，就意味着个人作出的与自身目标相背离，或者至少是负相关的行为也应当被认为是理性的或者"有价值"的。这里需要注意的是，此处的理性与价值内涵不应当被无限度地扩大，它仍然存在一个必要的尺度。这个尺度就构成对于理性概念的外延设定，它应当

---

❶ 阿马蒂亚·森：《理性与自由》，李风华译，中国人民大学出版社，2013，第28－29页。

至少是符合"工具理性"的。[1]

在个人行为选择的语境下，工具理性更多的是指个人具有的、能够成功达成或者至少是有条件达成某种被认为是有价值的目标的能力。而这种有关工具理性的能力，在事实上遵循的是一种"实践洞察力"的哲学逻辑。实践洞察力，又被亚里士多德称为"实践智慧"，它"是某种类似于理论洞察力（nous）的东西"，同时它还"是非推理性和演绎性的，在这个意义上，它就类似于感知；根本上说，它就是识别、承认、回应和挑选出一个复杂境况的某些突出特点的能力"。[2]但某种达成价值目标的可行性能力，与实际取得这种价值目标显然是不同的。也就是说，当工具理性被引入规范环境中时，就意味着特定社会的价值目标必然要将那些能够帮助个人达成特定价值目标的客观条件包含在内。换句话说，性别正义的理想价值标准需要能够同时实现对社会价值与社会条件的衡量与比较。如此一来，不免就会带来另外一个新的问题：这种多元的价值目标，应当如何实现评价体系的一致性以及相互之间的比较与排序。

事实上，对于多元价值目标来说，传统意义上的所谓评价体系的一致性是完全不必要的。因为这种一致性在本质上仍然是"一元论"的。只有单一主义的价值评价体系才会将被评价目标的同质性作为必要前提。而"多元论"本身就是以认可个体的差异性与行为的多样性为基础的。多元价值评价体系的建立，正是为了弥补"一元论"下的目标单一性缺陷，以实现多元目标之间的

---

[1] 阿马蒂亚·森：《理性与自由》，李风华译，中国人民大学出版社，2013，第261页。
[2] 玛莎·C. 纳斯鲍姆：《善的脆弱性：古希腊悲剧与哲学中的运气与伦理》，徐向东、陆萌译，译林出版社，2018，第473页。

比较与排序。此外，我们在前面也已经提到，对于以定分止争为目标的法律制度来说，形成特定评价标准之上的法律秩序是极其必要的。但这种目标的实现与秩序的达成却并不以评价标准的充分性与完备性为必要。"在不同类型的考虑中存在着'权衡'（trade-off）"这种比较排序的方式，它不以建立等级性的评价标准为前提。❶

对于这种以目标评价为目的的权衡体系来说，充分且完备的目标等级排序不仅不必要，甚至可能根本无法达成。任何目标评价体系都无法宣称，能够对所有可能涉及其评价范围的目标均实现完整且唯一的排序。即便可以实现，这个完整且唯一的排序也未必能够获得所有相关个体的一致认同。这一点，在公共决策与社会立法领域表现得尤为突出。因此，在这种情况下，最为有效的办法应当是寻求一个"公认的局部排序"。这显然是更容易实现的做法。即使这个排序不够"完整"，但这种不完备、不充分的权衡标准一旦达成，它仍然是现有条件下公认的、可行的比较评价制度。并且，只要涉及比较、排序，就必然会产生类似"优良中差"的评价结果，这就足以达到定分止争的秩序性效果。

但这里必须强调的是，这种多元目标的权衡体系并不以否定或是排除被评价目标为目的。换句话说，即便有些目标被权衡标准评价为"差"，也不意味着这些目标就绝对不应当存在于特定社会的价值目标当中。这也是权衡体系相对于单一的完备性排序制度的另一个优势。这种优势在公共决策与社会立法领域体现得更加明显。社会生活中大部分的公共事项，在涉及公共选择与决策时都不是非此即彼、极端对立的。当然，我们不否认一些极端情

---

❶ 阿马蒂亚·森：《理性与自由》，李风华译，中国人民大学出版社，2013，第571-573页。

况的存在，比如某些危及他人生命、健康的严重伤害行为等。但针对这类极端情况，权衡标准也完全能够给出符合公共目的的评价结果。不以否定或排除为目的不代表不能排除。但在除此以外的非极端情况下，公共政策的制定与选择更多涉及的是不同价值目标之间的权衡。而最终的评价结果也只能表明被选中的价值目标是我们必须予以肯定的，这不能成为我们否定其他价值的理由。从这个角度讲，公共政策在更大程度上甚至只能是"部分"合理的。因为它必然会涉及社会价值间的取舍。任何说明"取"的正当性的理由都无法说明"舍"的正当。

三、多元价值的正义理论

通过前面的论述，我们可以得出这样的结论：性别正义的理想价值标准必然是一个涉及社会价值与社会条件的权衡评价体系。也就是说，关于正义的标准问题应当是非唯一性的。这在某种程度上，印证了我们对于比较主义的正义理论研究方法的可行性论证。先验制度主义的价值评价理论，寻求的是对唯一的价值评价标准的建构。这种类型的正义理论对于性别法律关系来说不仅是不可欲的，甚至是不可行的。

在关于正义价值的理论中，阿马蒂亚·森曾经举过一个名为"三个小孩与一支长笛"的例子。[1] 在这个例子中，森假设三个孩子都想得到唯一的一支长笛，他们各自讲述了自己应当得到它的理由。一个孩子说，因为只有她会吹奏长笛，所以这支长笛应该给她。如果长笛被分给其他不会吹奏它的人，而唯一能够吹奏长笛的人却没有得到长笛，这显然是不公平的。另一个孩子说，因

---

[1] 阿马蒂亚·森：《正义的理念》，王磊、李航译，刘民权校译，中国人民大学出版社，2012，第 10–12 页。

为他是三人中最贫困的,没有其他玩具,只有把长笛分给他作为玩具才公平。最后一个孩子说,这支长笛是由她制作完成的,她在付出了几个月的辛苦劳动之后却不能得到这支长笛也是不公平的。我们发现,每个孩子的理由都足够充分。但当这三个都足够充分的理由同时出现时,我们竟然无法判断哪一个才是最充分的。而类似于"三个小孩与一支长笛"的情形,在社会生活中并不鲜见。

事实上,在关于正义的问题上,极大可能是不存在唯一答案的。即便我们假设有唯一答案存在,特定社会能够给出的关于正义价值的评价标准,至多也只能是无限接近这个唯一答案而无法真正地实现它。"各自都可能认为存在一种显而易见的、直截了当的公正解决方案,但他们会为彼此不同的解决方案而争执不下。"[1] 这也从另一个角度印证了我们对于正义问题的开放性公共理性假设。唯一的正义标准是极难甚至无法实现的,但在给定的社会条件下,形成关于正义问题的多元价值目标评价体系是完全可能的。

但这里需要强调的是,即便性别正义的理想价值标准是一种包含多元价值内涵的正义理论,也丝毫不影响它给出关于正义问题的具体明确的答案。承认正义标准的非唯一性,只是为了提醒我们不应当为了正义标准的达成而对多元的社会价值目标进行"不正义"的取舍——这种做法是本末倒置的。"尽管存在多元性,还是会产生明确的结论。""一个正义理论根本上是建立在不同排序的交集——或者说共有的集合——所产生的部分排序的基础之上。这些不同的排序出自不同的正义缘由,却都能通过公共理性

---

[1] 阿马蒂亚·森:《正义的理念》,王磊、李航译,刘民权校译,中国人民大学出版社,2012,第12页。

的审视。""我们有充分的理由对基于公正的观点进行审思和批判性考察,从而发现这种视角所产生的部分排序能够在多大范围内得到应用。我们可能最后只具有部分排序,但我们没有理由不去发挥它的作用。"[1]

第二节 能力的最低界限起点

通过前面的论述不难发现,只有具备多元的价值内涵,这样的正义标准才能实现对多元价值目标的评价。而正义的能力进路为我们提供的正是这种评价的依据。在森的理论中,这种能力被称为"可行能力",纳斯鲍姆则称之为"多元能力"。正义的能力进路,不仅同时具备评价特定社会价值与社会条件的理论功能,它还兼顾了人的行为选择的多样性,在最大限度内实现了正义理论与人的主体性契合。[2]

一、以物质条件为依赖

能力进路之所以能够实现正义理论与人的主体性契合,主要缘于它在一定程度上继承了亚里士多德关于"人是政治动物"的定义。[3] 虽然亚里士多德一直被认为是轻视甚至否定女性的,但在纳斯鲍姆看来,亚里士多德关于人依赖于必要物质条件的看法却

---

[1] 阿马蒂亚·森:《正义的理念》,王磊、李航译,刘民权校译,中国人民大学出版社,2012,第369–371页。
[2] 康坤:《关于纳斯鲍姆对正义主体拓展要求的思考》,《文学教育》2018年第12期,第48–49页。
[3] 叶晓璐:《交流与行动——读纳斯鲍姆〈善的脆弱性〉》,《哲学分析》2012年第2期,第194页。

在实际上为人类能力的培养,尤其是女性功能性需求的满足提供了理论依据。❶

亚里士多德认为,人"不仅仅是一个道德的和政治的存在物,并且是一个拥有动物身体的人,并且他的人的尊严并不是要反对其动物本质,而是要根植于它,并且根植于其暂时的轨迹"❷。那么,在承认人的动物性的基础上,再对人的自然性与理性作出二元对立的划分,并以此作为人之单一主体性的理论依据就是值得怀疑的。❸ 更进一步说,将人类的社会生活划分为私人自治与公共关系两个彼此对立的部分也是应当受到质疑的。因为人与人之间的社会交往与联系是无法被人为割裂的。"亚里士多德会同意这样的观点:一个人如果不把他或她的生活从根本上看成与他人在一起的生活,他或她甚至不会被认为是一个得体的人,更不用说是一个好的人。"❹ 这也就是说,好的生活或者得体的生活是需要以一定的外部条件为前提的。❺ 只有在恰当的社会条件下,人类的功能性需求才能得到满足。

与此同时,能力理论还吸收了马克思关于"人的全面发展"的理解。事实上,青年时期的马克思,其理论在很大程度上是受亚里士多德哲学思想的影响。在马克思看来,外在的劳动条件实

---

❶ Martha C. Nussbaum, "Aristotle, Feminism and Needs for Functioning", *Texas Law Review*, Vol. 70, (March 1992): 1019–1028.

❷ 玛莎·C. 纳斯鲍姆:《正义的前沿》,陈文娟、谢惠媛、朱慧玲译,中国人民大学出版社,2016,第61页。

❸ 玛莎·C. 纳斯鲍姆:《善的脆弱性:古希腊悲剧与哲学中的运气与伦理》,徐向东、陆萌译,译林出版社,2018,第402页。

❹ Martha C. Nussbaum, "Aristotle, Feminism and Needs for Functioning", *Texas Law Review*, Vol. 70, (March 1992): 1023.

❺ 玛莎·C. 纳斯鲍姆:《善的脆弱性:古希腊悲剧与哲学中的运气与伦理》,徐向东、陆萌译,译林出版社,2018,第493–584页。

际制约了工人个人能力的发展。这一观点基本奠定了他对于资本主义生产方式以及资本主义社会局限性的批判路径。马克思认为,"人的全面发展"须以必要的物质条件为前提。离开了一定的社会物质基础,人类将一无所有,更不要说"人的价值"的实现。理想的共产主义社会应当是社会生产极度发达,物质条件极大丰富,人人得以全面发展,个人社会价值得到充分实现的社会。而亚里士多德与马克思对于人与理想社会的定义,共同构成能力理论中最低界限起点原则的理论渊源。[1]

事实上,能力理论"诞生于努斯鲍姆[2]与森在世界发展经济学研究机构的合作期间"。"森的可行能力也不是针对性别不平等而构建的,但是,森的可行能力却为性别平等的努力指明了一个方向。"[3] 这在很大程度上是缘于"可行能力"理论对于人的差异性与多样性的尊重。而这种尊重正是性别正义的两性关系中最核心的关键。森认为,每个人对于好的生活的需求都是不同的。同时,在一定的社会条件下,每个人能够获得的社会资源以及将这种社会资源运用于实际生活的能力也是不同的。[4] 因此,我们需要将社会物质条件纳入个人生活的评价之中。但我们不能只依据社会整体的物质条件水平或者社会个体的平均生活质量来判定社会中的每个人,是否都实现了自己对于好的生活的追求。可行能力理论的"关注点是一个人实际拥有的做他所珍视的事情的自由";"我

---

[1] Martha C. Nussbaum, *Women and Human Development: The Capabilities Approach*, Gambridge: Gambridge University Press, 2000, p. 73.
[2] 此为纳斯鲍姆(Nussbaum)的另一种翻译。
[3] 王新宇:《性别平等与社会公正——一种能力方法的诠释与解读》,中国政法大学出版社,2014,第 87 页。
[4] 阿马蒂亚·森:《什么样的平等?》(闲云译),《世界哲学》2002 年第 2 期,第 60-65 页。

们所关注的可行能力,是实现各种功能的组合的能力"。[1]

纳斯鲍姆赞同并认可森对于可行能力的基本理论构想[2],"同时对森的这一理论进行了结构性的补充和发展"[3]。"至少在许多语境内,我更倾向用'多元能力理论'这个词。""这一理论方法认为,在进行社会的比较并且评估它们基本的体面或正义时",应当"把每一个人当作目的";"这一方法在价值问题上是坚定的多元论:在它看来,那些对于民众而言至为关键的能力成就不仅在数量上是不同的,在质上同样相互区别"。[4]

与森的理论相同,纳斯鲍姆同样重视个体差异并尊重个人在社会生活中的选择与自由。[5]但不同的是,多元能力为社会生活中的个人能力设定了最低界限的起点,这个起点就是"十种核心能力"。[6]多元能力理论认为,个人能力的形成与发展离不开特定的社会、政治、经济和家庭条件,这种社会现实状况至少决定了每个人能力的最低线水平。正是从这个角度,纳斯鲍姆将她的"能力清单"视作判定一个社会是否达到正义之最低限度的标准。[7]

---

[1] 阿马蒂亚·森:《正义的理念》,王磊、李航译,刘民权校译,中国人民大学出版社,2012,第214-216页。

[2] 陶涛:《残障人问题对罗尔斯正义理论的挑战——兼论纳斯鲍姆之"能力法"》,《伦理学研究》2010年第4期,第133页。

[3] 王新宇:《性别平等与社会公正——一种能力方法的诠释与解读》,中国政法大学出版社,2014,第87页。

[4] 玛莎·C. 纳斯鲍姆:《寻求有尊严的生活——正义的能力理论》,田雷译,中国人民大学出版社,2016,第14页。

[5] Martha C. Nussbaum, "Reply to Diane Wood, Constitutions and Capabilities: A (Necessarily) Pragmatic Approach", *Chicago Journal of International Law*, Vol. 10, Winter, (2010): 431.

[6] Martha C. Nussbaum, "Human Rights and Human Capabilities", *Harvard Human Rights Journal*, Vol. 20, (2007): 21.

[7] 叶晓璐:《纳斯鲍姆可行能力理论研究——兼与阿马蒂亚·森的比较》,《复旦学报(社会科学版)》2019年第4期,第55-59页。

二、以核心能力为底线

多元能力理论认为,能力(capabilities)是一种"实现可替换的功能组合的实质性的自由"。纳斯鲍姆将其统称为"混合能力"(combined capabilities),它是个人"在特定的政治、社会和经济境况内,所具有的选择和行动的机会总和"。这种混合能力由个人的体内能力(abilities)和一定的社会、政治、经济条件结合而形成。同时,它又与个人的"基本能力"(basic capabilities)"内在能力"(internal capabilities)相关。基本能力是一种"自然禀赋",是"个人固有的内在潜能"。而内在能力是对于个人特质的总称,它包括一个人的"品性特点、智商情商、身体健全与健康状况、内在学识、感知和运动的技巧"等。[1] 这种内在能力不是天生不变的,它可以通过后天训练、培养而发展,是一种可变的能力。而基本能力,只是为这种后天的训练和培养提供了可能。同时,培养、训练个人能力所需要的特定社会、政治、经济条件,构成能力的另一个组成部分。

在纳斯鲍姆看来,一个体面且正义的社会应当能够为生活在其中的个体提供能力实现所必需的基本物质条件。但这种正义社会的目标应当在于人的能力,而不是人的能力的"运作"。这里的"运作"意指"能力的积极实现",即"能力之生长或实现的存在和行动"。[2] 换句话说,符合最低正义标准的社会,应当将是否实现个人能力以及如何实现个人能力的自主选择权留给每个个体。

---

[1] 玛莎·C. 纳斯鲍姆:《寻求有尊严的生活——正义的能力理论》,田雷译,中国人民大学出版社,2016,第15-17页。
[2] 玛莎·C. 纳斯鲍姆:《寻求有尊严的生活——正义的能力理论》,田雷译,中国人民大学出版社,2016,第18页。

这种选择上的自由是能力进路最为看重的理论核心。❶

既然选择的自由被留给了个人，人的能力与需求又各有不同，那么社会应当如何支持个人能力的培养与发展便成了问题。这也是纳斯鲍姆提出"十种核心能力"❷的来由。我们在前面已经提到，纳斯鲍姆的"能力清单"同时构成她对于森的可行能力理论的补充与发展。森更多关注的是对人们生活的价值评价问题。他强调价值的多元与主体的多样，认为每个人都理应拥有选择并过上他认为好的生活的自由。而这种体现为个人可行能力的实质性自由，也应当被容纳到关于社会正义的理念当中。但到底怎样的生活才是好的生活，哪些能力可以被称为可行能力，森却并未给出答案。❸ 纳斯鲍姆在这些问题上保持了与森的逻辑统一，并回答了森所没能回答的问题：好的生活至少应当是"有尊严的生活"，可行能力最少应当包含"十种核心能力"。从这个角度讲，多元能力比可行能力更具备理论上的可行性。

为了说明能力清单能够成为判定一个社会是否达到最低限度之正义的标准，纳斯鲍姆再次提到了"人性尊严"，并以此实现了"有尊严的生活"与"核心能力"之间的理论衔接。❹ 她认为，尊严是一种"直觉观念"，是模糊而不明确的；但它内在于每一个人，是人类天生就平等享有且必须得到发展的一种禀赋。如果一个社会甚至无法实现对其中每个个体人性尊严的尊重，那么它将

---

❶ Martha C. Nussbaum, *Women and Human Development: The Capabilities Approach*, Gambridge: Cambridge University Press, 2000, p. 88.

❷ Martha C. Nussbaum, "Human Rights and Human Capabilities", *Harvard Human Rights Journal*, Vol. 20, (2007): 23.

❸ 阿马蒂亚·森、刘民权、夏庆杰、王小林等：《从增长到发展》，中国人民大学出版社，2015，第110页。

❹ 康坤：《关于纳斯鲍姆对正义主体拓展要求的思考》，《文学教育》2018年第12期，第49页。

很难被认为是正义的。❶ 人的尊严关乎社会正义，并实际地体现为社会中人们的能力水平。她直言，"我认为我的论证在本质上是苏格拉底式的：我呼吁对话者可以思考下述问题，即人性尊严的理念及其所要求的生活应当包含什么"。"我相信，这一直觉性的起点提供了虽然高度一般性但是确定的引导。""人要有尊严地生活，必定要求对这十种基本权益的保护。"❷

具体地说，在纳斯鲍姆看来，作为最低界限起点的十种核心能力应当包括：自然终老的能力，身体健康的能力，身体健全完整的能力，感觉、想象和思考的能力，情感的能力，实践理性的能力，与他人和谐相处的能力，与其他物种共处的能力，娱乐的能力以及控制外在环境的能力。❸ 同时，她认为一个社会的现实状况决定了生活在其中的人们的各项能力及其水平。因此，只有社会中的所有人都具备了这十种核心能力，并且每一种能力的水平都高于一定的界限时，这样的社会才称得上是体面且正义的，人们的生活也才是有尊严的。❹ 换句话说，在正义的能力进路下，每个人都可以拥有多种不同的能力，但最基本的十种核心能力必须齐全；个人能力的水平也可以因人而异，只是这十种核心能力的水平必须都在最低界限之上。❺ 这被纳斯鲍姆称为能力的"底线

---

❶ Martha C. Nussbaum, "Rawls's Political Liberalism: A Reassessment", *Ratio Juris*, Vol. 24, (March 2011): 3.

❷ 玛莎·C. 纳斯鲍姆：《寻求有尊严的生活——正义的能力理论》，田雷译，中国人民大学出版社，2016，第55页。

❸ Martha C. Nussbaum, "Human Rights and Human Capabilities", *Harvard Human Rights Journal*, Vol. 20, (2007): 23.

❹ Maxine Molyneux and Shahra Razavi (ed.), Martha C. Nussbaum, *Women's Capabilities and Social Justice*, *Gender Justice*, *Development*, *and Rights*, New York: Oxford University Press, 2002, pp. 45 – 77.

❺ 董骏：《迈向一种能力进路的人权观——评纳斯鲍姆〈寻求有尊严的生活〉》，《河北法学》2017年第2期，第169 – 172页。

水平（threshold level）"❶。

三、以充足适当为原则

不难看出，纳斯鲍姆的能力底线原则事实上包含了两种意义上的最低界限起点：一方面，它是对能力种类的要求，另一方面，它也是对能力水平的限制。能力清单为我们解决了核心能力的种类问题。那么，能力水平的"阈值"应当如何设置，纳斯鲍姆给出了"充足适当"（adequacy or sufficiency）的原则标准。

之所以作出这样的设置，主要缘于其对于能力内涵的界定。前面已经提到，纳斯鲍姆依据能力对于社会环境的依赖程度将它们划分为三个层次。首先是人类固有的自然禀赋。这种基本能力是每个人天生就有的。因此，它是三种能力中对于社会环境依赖程度相对较小的一个。其次是体现个人特质的内在能力。这种能力虽然与个体特性相关，但却具备极强的可塑性与可变性。于是，它需要一定的外部条件作为支撑，对于社会环境的依赖程度也较大。最后是个人的混合能力。它是一个人在一定的社会条件下所能够获取的所有选择与机会的总和。这种能力完全依赖于特定的社会、政治、经济条件，同时也最能代表一个人实际拥有的能力水平。由此，三种个人能力均在不同程度上依赖于一定的社会环境。那么，外部条件的充分与否，就成为决定个人能力发展水平的关键因素。❷ 换句话说，只有个人的能力在社会条件下得到充足适当的发展，人们才能拥有足够的能力去过有尊严的生活。

---

❶ Martha C. Nussbaum, "Reply to Diane Wood, Constitutions and Capabilities: A (Necessarily) Pragmatic Approach", *Chicago Journal of International Law*, Vol. 10, Winter, (2010): 431.

❷ 董骏：《迈向一种能力进路的人权观——评纳斯鲍姆〈寻求有尊严的生活〉》，《河北法学》2017年第2期，第169页。

这里需要强调的是，在纳斯鲍姆看来，有些能力的充足适当需要以能力的"平等"为前提。"能力清单本身表明，存在一些例子，我们无法忍受其中的不平等。例如，清单上的能力7B，所涉及的是'具有自尊和不被羞辱的社会基础；能够被当作与其他人具有平等价值的、有尊严的个体来对待'。"❶ 这也就是说，在关乎人类尊严的这部分能力上，只有平等才是充足适当的。这似乎有"循环论证"的嫌疑。按照多元能力理论，人的尊严的享有具体体现为十种核心能力的齐全，并且各种能力水平均达到充足适当的标准。但这十种能力中的一部分，又因为与人的尊严相关需要以平等作为前提。事实上，这在逻辑上并不冲突。那些需要以平等为前提的能力就是纳斯鲍姆所说的基本能力。

"面向人之基本能力的态度并不是一种精英统治——天资禀赋更高的人应该得到更优越的对待——事实正相反：那些需要更多帮助才能超越能力底线的人，就应获得更多的帮助"，"这就是以平等尊重来对待所有人的意义"。❷ 关于这一点，纳斯鲍姆举出了天生具有认知障碍的残疾人的例子，用以说明基本能力的平等底线标准。我们不能以一个人出生就带有的先天性认知障碍为理由，就此认定这个人不应该享有受教育的权利。相反地，一个体面且正义的社会，应当尽可能地为这些存在基本能力欠缺的人提供更加充足的外在条件，以帮助这些人享有受教育的机会，取得和"普通"人同样的能力。从这个角度讲，基本能力上的平等不仅不与个人能

---

❶ 玛莎·C. 纳斯鲍姆：《正义的前沿》，陈文娟、谢惠媛、朱慧玲译，中国人民大学出版社，2016，第205页。
❷ 玛莎·C. 纳斯鲍姆：《寻求有尊严的生活——正义的能力理论》，田雷译，中国人民大学出版社，2016，第18页。

力的充足适当相矛盾，甚至更体现了这个底线原则的可欲性。[1]

同时，这里还需要注意的是，基本能力与内在能力之间存在着一些细微的差别。比如，对于一个带有听力障碍的人来说，他所欠缺的是听觉上的基本能力，并可能进一步导致他在语言能力上的缺陷。基于基本能力上的平等，一个体面且正义的社会应当为他提供相应的医疗救助与可能的听力辅助、语言功能恢复等外在条件。但对于一个"正常"的刚出生的孩子来说，他并不存在听觉或是语言上的基本能力缺失，但他的语言表达能力仍然需要经历充分的听说训练之后才能形成。这种训练是社会为个人内在能力培养提供的必要环境，它以充足适当为原则。此外，充足适当的底线原则与能力理论的多元正义价值内涵也是相吻合的。正义价值的非唯一性不仅为依赖于物质条件的个人能力评价提供了可能，也为非唯一的能力评价标准提供了依据。

第三节　法律的基本制度原理

多元能力理论为我们提供了关于社会之最低限度正义的十种核心能力清单，同时还为这些核心能力设定了充足适当的底线原则。那么，体面且有尊严的社会生活应当如何实现，个人能力的培养应当由谁来如何承担就成为接下来需要思考的问题。纳斯鲍姆认为，在这一点上，国家有必要承担相应的责任与义务。[2] 事实

---

[1] 陶涛：《残障人问题对罗尔斯正义理论的挑战——兼论纳斯鲍姆之"能力法"》，《伦理学研究》2010 年第 4 期，第 132–136 页。
[2] Martha C. Nussbaum, "Reply to Diane Wood, Constitutions and Capabilities: A (Necessarily) Pragmatic Approach", *Chicago Journal of International Law*, Vol. 10, Winter, (2010): 431.

上，这也是多元能力理论对于可行能力的又一补充与发展。

一、国家的积极义务

在之前的论述中，我们曾经讨论过关于国家义务的问题。我们认为，在社会契约式的先验主义正义理论框架下，全球性契约与全球性国家设想所面临的最大现实困难是强制特定国家承担相应国际义务的非正义性。而相对地，比较主义的社会选择理论则能够避免此类问题的出现。能力进路是一个关于全球性正义问题的公共理性假设。如果这种假设能够成立，也就意味着全球性正义的实现不需要以全球性契约或全球性国家设想的成立为前提。相应地，这也就避免了特定国家承担强制性国际义务的非正义性。

但能力理论仍然认为国家负有一定的积极义务——为生活在其中的人们提供适当且充足的能力发展条件。这种义务的正当性主要来源于国家的道德性以及能力发展对于物质条件的依赖性。[1] 对于后者，前面已经作出了相关论述，无须赘言。而对于前者，"国家不仅是一个方便的出发点，它还具有道德上的重要性"。虽然对于可行能力理论来说，它对于正义价值以及社会选择上的"比较性运用也是以国家为中心的"，但在涉及个人能力的问题上，森较多采用的仍然是一种世界性的理论视角。而相对地，纳斯鲍姆更侧重对于社会之最低限度正义的规范性要求，强调"每一国政府的对内任务"。[2] 因此，多元能力理论更关注国家义务的问题。

纳斯鲍姆认为，"国家具有一种根植于能力理论的道德角色，

---

[1] 叶晓璐：《好生活与脆弱性——阿伦特和纳斯鲍姆相关思想论述》，《山东科技大学学报（社会科学版）》2016 年第 4 期，第 103–108 页。
[2] 玛莎·C. 纳斯鲍姆：《寻求有尊严的生活——正义的能力理论》，田雷译，中国人民大学出版社，2016，第 79 页。

这是因为能力理论为人民的自由和自我定义赋予了核心意义",而"政府的根基存在于人类的自然权利,政府的适当目标在于'所有人的福祉、每一个人的福祉'"。❶ 只有国家中每个人的能力都得到适当且充足的发展,人们才能有尊严地生活在社会当中。如此才有可能实现所谓的个人福祉。这是多元能力理论遵循的基本原理。因此,从这个角度来说,政府在增进个人福祉目标上的适当性,直接决定了国家在个人能力培养义务上的道德性。另一方面,个人能力对于社会物质条件的依赖性则决定了这种国家义务必然是一种积极性的义务。"一个保护能力的国家在每个领域都肩负着肯定性的任务。"❷ 这一点与能力理论对于人的主体性假设——在具备价值理性的同时,还具备工具理性——在逻辑上是相一致的。

需要特别说明的是,在纳斯鲍姆看来,一国政府除了需要对内承担国民能力培养的积极义务之外,"我们还有其他理由认为富国应承担起援助穷国的责任"。从表面上看,这有些类似我们在前面提到过的强制性国际义务,实则不然。因为能力理论在根本上是不赞同全球国家方案的。这一点,在之前的章节中我们已经作出了充分的论述。多元能力理论对于"富国责任"的强调是基于对义务履行的现实性考虑。"世界上所有公民都有权获得支持,确保他们安全跨越全部十种核心能力的底线,由此出发,我们不可能直接走到向个人分配义务这一步:主要的义务必须分配给机构"。这个机构"首先是他们自己的国家"。❸

---

❶ 玛莎·C. 纳斯鲍姆:《寻求有尊严的生活——正义的能力理论》,田雷译,中国人民大学出版社,2016,第80-97页。
❷ 玛莎·C. 纳斯鲍姆:《正义的前沿》,陈文娟、谢惠媛、朱慧玲译,中国人民大学出版社,2016,第263页。
❸ 玛莎·C. 纳斯鲍姆:《寻求有尊严的生活——正义的能力理论》,田雷译,中国人民大学出版社,2016,第80-83页。

但我们知道，世界的发展并不总是均衡的。总有一些相对落后的"穷国"，它们无法满足国民基本的十种核心能力的发展需要。"富国"对于"穷国"的救助义务一方面缘于"世界经济在很大程度上是由富裕国家以及影响富国选择的公司所掌控的"，"贫穷国家并不是在一个平等的场域内进行竞争的"。另一方面，"有一种理由虽然存在争议，但在有些人看来是非常重要的，该理由认为贫穷国家的许多问题是由殖民剥夺所导致的"。而曾经的殖民历史，给了"富国"掠取"穷国"自然资源与发展空间的机会。❶可事实上，"富国"对于"穷国"的救助义务更多地取决于人们对于全球性正义问题的公共理性假设。人都是富有感情的动物，在作出行为选择时，除了价值理性还会遵循一定的工具理性。在这种正义情绪的驱使下，人们很难理所当然地对他人的不幸视若无睹。❷

二、制度的义务分配

"一旦我们认为某些能力是人性尊严所要求的生活的核心，一旦我们认为社会的'基本结构'（基本政治原则以及体现这些原则的制度结构）至少要保证最低限度的核心能力，我们就会很自然地问：一种政治结构如何能够真正保证这些能力。"❸ 纳斯鲍姆认为，国家履行这种积极义务的最优方案是借助一定的制度，特别是有关社会基本结构的政治制度，以实现对个人能力培养与发展

---

❶ 玛莎·C. 纳斯鲍姆：《寻求有尊严的生活——正义的能力理论》，田雷译，中国人民大学出版社，2016，第 80-83 页。
❷ 阿马蒂亚·森：《伦理学与经济学》，王宇、王文玉译，商务印书馆，2000，第 88-89 页。
❸ 玛莎·C. 纳斯鲍姆：《寻求有尊严的生活——正义的能力理论》，田雷译，中国人民大学出版社，2016，第 115 页。

义务的分配。

　　这种"制度安排"做法的优越性首先源自作为义务主体的国家本身。即便我们对"富国责任"的问题存而不论，能力发展仍然是一个涉及一国内部所有国民的普遍性问题。前面已经提到，在这样的问题上，我们很难"直接走到向个人分配义务这一步"。于是，个人能力的培养需要以一定的集体、组织、机构等作为必要的义务分配"路径"。同时，一旦涉及义务分配，那么就必然会涉及公平公正的问题。然而，在迄今为止有关分配话题的讨论中，似乎还没有比制度安排更加优越的其他选择方案出现。❶ 由此，不论从合理性抑或是正当性的角度出发，国家的能力培养责任都应当以"先建立一种体面的制度安排"为必要前提。❷

　　此外，将国家作为能力义务主体的另一个重要原因，是在许多关系到国民整体利益以及未来利益的问题上，个人的作用显得过于微弱或者根本无法达到应有的群体性效果。在此种情况下，借助制度的力量就能够很好地"聚集"并"放大"个人的作用。比如，在垃圾分类的问题上，我们很难要求具体的个人来承担不进行垃圾分类所带来的环境污染与资源浪费等后果。但如果将垃圾分类作为一项制度予以确立，这样不仅能够明确个人在其中的应尽义务，也更有利于环境的整体保护。这才是以"所有人的福祉、每一个人的福祉"为适当目标的国家义务的应有之义。

　　从这个角度讲，"在国内情形中，我们可以轻而易举地讨论那些有责任去使本国公民具备相应人类能力的制度体系。这种承担

---

❶ 郭夏娟：《为正义而辩——女性主义与罗尔斯》，人民出版社，2004，第314-320页。

❷ 玛莎·C. 纳斯鲍姆：《正义的前沿》，陈文娟、谢惠媛、朱慧玲译，中国人民大学出版社，2016，第217页。

责任的结构就是约翰·罗尔斯所说的一个国家的'基本结构'"❶。关于罗尔斯的"基本结构的正义"问题,我们在前面的章节中也已经作出过讨论。我们认为,这种"作为公平的正义"理论在处理国内问题时,存在着方法论上的不周延性与理论上的封闭性。但必须强调的是,这是仅就它作为一个绝对的先验主义的正义理论而言。而当它只作为一项国家制度、一项基本政治制度时,它在义务分配上所起到的作用"对于促进人类能力而言是至关重要的"❷。

可当问题转向"国际情形"时,纳斯鲍姆却放弃了罗尔斯"基本结构"式的义务分配制度体系。这并不让人意外。前面也曾提到,正义的能力进路在根本上是不赞同全球国家方案的。既然没有全球国家,当然也不可能存在全球性的所谓"基本结构"制度。纳斯鲍姆认为,全球性的义务分配制度"应当是微弱而分散的";同时,这种在"全球性结构的不同部分之间所进行的责任分配,是暂时性的、非正式的,并且要不断变化和反思";"这种分配是一种伦理性的分配","因为在整体上没有强制性的机构来给任何特定的组成部分强加某种明确的任务"。❸ 由此可见,多元能力理论虽然强调在全球正义问题上的国家积极义务,但并不认同这种国际性义务的单一性与强制性,这也在根本上避免了全球性义务分配制度的非正义性。

---

❶ 玛莎·C. 纳斯鲍姆:《正义的前沿》,陈文娟、谢惠媛、朱慧玲译,中国人民大学出版社,2016,第 218 页。
❷ 玛莎·C. 纳斯鲍姆:《正义的前沿》,陈文娟、谢惠媛、朱慧玲译,中国人民大学出版社,2016,第 221 页。
❸ 玛莎·C. 纳斯鲍姆:《正义的前沿》,陈文娟、谢惠媛、朱慧玲译,中国人民大学出版社,2016,第 221 页。

三、法律的基本问题

在"国际情形"中,义务分配制度的正义性需要以它的非强制性为必要前提。而与此正相反,就"国内情形"而言,"基本结构"制度体系的正义性恰恰源自它的强制性。依据多元能力理论的基本原理,一个社会的正义与否在根本上取决于生活在其中的人们所具备的能力水平。只有当所有人都至少拥有十种核心能力,且各种能力均充足适当的状态下,人们的生活才是有尊严的,这样的社会才是正义的。而国家作为对内的能力义务主体,决定其"基本结构"的宪政制度和法律体系必然也要以这个"能力清单"作为最低限度的正义原则。❶ 能力清单的"底线性"也意味着这个正义原则的强制性。由此,那些未能达到底线标准的"基本结构"制度都是不正义的。❷

一旦提及一国的宪政制度与法律体系就必然绕不开对"权利"话题的探讨。关于"能力"与"权利"之间的关系问题,纳斯鲍姆也曾作出过专门的论述。"能力进路与人类权利进路紧密相连"。"实际上,能力覆盖了那种被所谓的第一代权利(政治与公民自由)和第二代权利(经济与社会权利)占据的领域。而且,它们还起到了类似的作用,都为那种极度重要的基本权利提供了说明,这既可以被用作国内宪政思考的基础,也可以被用作思考国际正

---

❶ 董骏:《迈向一种能力进路的人权观——评纳斯鲍姆〈寻求有尊严的生活〉》,《河北法学》2017 年第 2 期,第 172–176 页。
❷ Martha C. Nussbaum, "Reply to Diane Wood, Constitutions and Capabilities: A (Necessarily) Pragmatic Approach", *Chicago Journal of International Law*, Vol. 10, Winter, (2010): 431–432.

义的基础。"[1] 从这个角度来说，个人的核心能力与基本权利在内容上是基本一致的。但在本质上，它们仍是不同的。在纳斯鲍姆看来，能力进路是对权利理论的一种"补充"，能力范畴具备了权利概念所没有的"精确性"。纳斯鲍姆认为当下关于权利问题的探讨，虽然具有政治"主流学说"与"通用理论"的外在表象，但实际上意见却并不统一，至少在"关于权利主张的基础事实"上仍"包含着深层次的哲学上的分歧"。但能力进路在人的"实质性自由"问题上的立场是一致的。同时，可行能力与多元能力都认为，某些关系到"人性尊严"的基本权利是先于法律、先于制度存在的，而权利理论却在这一问题上存在着各自不同的看法。最关键的一点在于，"如果能力仅仅是基于个体的禀赋而不是基于整个人类的标准，那么这种权利就不会存在"[2]。这就意味着在多元能力语境下，人的权利在更多意义上实际意味的是一种混合能力。[3]

正是基于这一点，能力进路将能力的发展义务看作国家的积极义务。这也是能力范畴区别于权利概念的另一关键点。"关于权利，一些思想家认为，保证一个人的某项权利，仅仅需要抑制那些干涉性的国家行为。人们经常会将根本性的权利理解为对这些国家行为的禁止。"[4] 但能力进路认为，人的权利在更大程度上是一种混合能力，极大地依赖于一定的外在社会条件。因此，能力

---

[1] 玛莎·C. 纳斯鲍姆：《正义的前沿》，陈文娟、谢惠媛、朱慧玲译，中国人民大学出版社，2016，第199页。

[2] 玛莎·C. 纳斯鲍姆：《正义的前沿》，陈文娟、谢惠媛、朱慧玲译，中国人民大学出版社，2016，第200页。

[3] Martha C. Nussbaum, *Women and Human Development: The Capabilities Approach*, Gambridge: Gambridge University Press, 2000, p.98.

[4] 玛莎·C. 纳斯鲍姆：《正义的前沿》，陈文娟、谢惠媛、朱慧玲译，中国人民大学出版社，2016，第200页。

与权利的保护需以国家的积极行为为必要。[1]"只有当存在一些有效的措施能够使人们真正地进行"某种权利意义上的活动时,"他们才是真的被赋予了这种权利"。[2]从这个意义上说,能力是不可能先于法律存在的,它需要以一定的制度条件作为支撑。

让我们把讨论再往前推进一步,便不难得出这样的结论:能力进路相对于权利理论的可欲性也从一个侧面印证了权利"平等"的局限性。或许在关系到"人性尊严"的基本能力层面,能力进路能够认同能力平等的价值。但出于这部分的基本能力只有在平等的条件下才充足适当。因此,从根本上说,个人能力仍然以充足适当为原则。这个基本原则对应到一国内部的法律体系,就意味着在那些以保障个人基本能力为目的的宪法权利上,能力进路认可平等价值的适当性;但在除此之外的情形下,能力进路认为权利的充足适当才是符合正义价值的。

---

[1] Martha C. Nussbaum, "Human Rights and Human Capabilities", *Harvard Human Rights Journal*, Vol. 20, (2007): 21.

[2] 玛莎·C. 纳斯鲍姆:《正义的前沿》,陈文娟、谢惠媛、朱慧玲译,中国人民大学出版社,2016,第201页。

CHAPTER 05 >> 第五章
性别社会现实传统

多元能力理论将培养与发展个人能力的义务分配给了以国家为主的多种国际社会组织与机构，以实现全球范围内的国际正义。但在一个国家内部，一国政府才是最主要的义务承担者。国家应当通过特定的宪政结构与相应的制度安排，采取相对积极的措施保护国内民众的能力发展。因为"任何公正理论都必须将制度的作用置于重要地位"；但"更一般性的问题在于，无论制度有多么完美，如果对实际发生的事情始终无动于衷，那么这种理论是不可靠的"[1]。因此，正义的能力进路除了需要关注法律制度原理上的应然，社会生活的实然对于我们的讨论也至关重要。

---

[1] 阿马蒂亚·森：《正义的理念》，王磊、李航译，刘民权校译，中国人民大学出版社，2012，第74–77页。

第一节 性别制度传统

我们在前面曾经多次提到，女性主义法学认为，两性在法律关系上的不对等主要缘于现代法律制度对于社会生活领域之公共与私人的二元对立划分。而这种划分的依据被认为来自西方早期的古希腊哲学思想[1]：男性天生是理性、睿智的，女性是相对感性、冲动的；而理性是优于感性的。于是，自然的动物性决定了男人天生优于女人。社会生活中那些与公共决策有关的事项被认为是富有政治性的，区别于个人的、私人的事务。而男性因为具备理性的特质，比女性更适合处理政治性的公共关系。相应地，私人关系才是女性生活的核心。基于政治优于个人、理性优于感性、男人优于女人，男性相对于女性的支配性地位从理论上被确立并被赋予了某种合理性与正当性。

不可否认，中国与西方存在着相当大的历史传统差异。[2] 关于这一点，我们在之前的章节中已经作出过相应的讨论。但我们仍然认为，性别法律关系问题是东西方社会都需要面对的共性问题。同时，我们也认同东西方国家之间的社会差异。由此，为了能够明确差异、凸显共性，分析探讨我国的两性关系历史传统与社会现实就显得十分必要。

---

[1] 周安平：《性别与法律：性别平等的法律进路》，法律出版社，2007，第38页。
[2] 李银河：《李银河：我的社会观察》，中华工商联合出版社、北京时代华文书局，2014，第18页。

一、婚姻关系与家事管理

在古代中国并不存在西方传统意义上的理性范畴。现代性的法律制度也是在近代之后才随着西方思想一同传入中国。但与西方相似的是,不正义的性别制度在古代中国社会由来已久。中国传统的性别制度是对各个历史时期不正义的两性关系现实的制度体现。在这之中,"传统中国法律制度通过将女性的活动范围局限于家庭之内的方式,确立了不平等的两性关系"。这一点倒是与西方历史上将公共领域与私人领域进行二元划分的做法异曲同工。但不同的是,曾经"在中国这样一个缺少'权利'意识的国家中,甚至大多数男性在公共领域都没有权力与权利可言,因此女性的地位就更显低贱","在确立女性从属于男性的两性关系中,婚姻、家庭和继承方面的法律制度发挥了至关重要的作用"。❶

在中国传统的婚姻法律制度中,一夫一妻是普遍原则,且夫妻在名义上是平等的。但这种名义上的平等并不具有实际上的意义:法律认可丈夫妻外有妾便是最好的证明之一。此外,夫妻在家庭分工上的"男女之别"也充分体现了"男尊女卑,故以男为贵"的传统性别观念。在家庭职责的分配上,以男子主外、女子主内为原则。这里所谓的"内",指的就是家庭内部生儿育女、缝衣织布、清洁打扫以及服侍公婆等事务。可事实上,即便是作为"对内负责"的"主母",妻子的家事管理权限也仍然需要受到男性的"家长"权力以及夫权等的限制。

在"女本从男"的古代中国社会,女性是不可能真正成为一家之"主"的。即便在家事管理上也是男性拥有绝对的权力,如子女抚育。只有父亲是子女第一顺位的亲权人,母亲的亲权被严

---

❶ 孙文恺:《法律的性别分析》,法律出版社,2009,第266页。

格限制在有关教养与婚嫁的事宜上；同时，母亲一方亲权的行使需要以父为尊，即当父母双方出现意见分歧时，子女必须服从父亲的意志。即便父亲去世，母亲也没有资格接任家长，家长的身份只能由家中其他的男性后代承袭。此外，在家庭财产的处分上，妻子也没有独立的决定权。妻子管理家事时所需的银钱通常来自按时从丈夫处领取的定额家用。妻子只能在限定的范围内处分这部分财产，超出的部分均需由丈夫处置。事实上，妻子的家事管理权更像是一种"代理权"，即代理丈夫行使家庭管理的职责，而具体的代理权限由丈夫决定并受丈夫制约。❶

在传统的离婚制度中，诸多细节规定也反映了古代中国社会男尊女卑的性别传统。总的来说，传统中国社会是极其看重婚姻关系与家族维系的，因此历朝律法都对离婚设置了相当严格的限制条件：只有在符合法律明文规定的情形下才准许夫妻离婚。在这之中，"义绝"情形的出现，构成法律强制夫妻离婚的理由之一。这里所谓的强制离婚是指不论婚姻当事人的意愿如何，夫妻双方都必须离婚的情形；若不离婚，将受到刑事处罚。通常，"义绝"出现在以下三种情况之中：其一，夫妻一方犯殴杀罪❷的，如夫殴妻之祖父母、父母，杀妻之外祖父母、伯叔父母、兄弟姑姊妹，或者妻殴詈夫之祖父母、父母，杀伤夫之外祖父母、伯叔父母、兄弟姑姊妹；其二，夫妻一方犯奸非罪的，如妻与夫之缌麻以上亲奸，或者夫与妻母奸；其三，妻对夫犯谋害罪的，只要妻欲害夫，就可以强制离婚。❸ 其中的"男尊女卑"已不言而喻。

---

❶ 瞿同祖：《中国法律与中国社会》，中华书局，2003，第112–115页。
❷ 除文中已经提到的殴杀情形外，夫妻祖父母、父母、外祖父母、伯叔父母、兄弟姑姊妹自相杀的，也构成强制离婚的条件。
❸ 瞿同祖：《瞿同祖法学论著集》，中国政法大学出版社，2004年修订版，第151–152页。

除了强制离婚,在争诉离婚的情形下,丈夫相对于妻子的优势地位也体现得十分明显。所谓争诉离婚,指的是既不出于婚姻双方当事人的协商一致,又不完全因为法律的强制性规定,夫妻中的一方由于某些情况的出现可以提出离婚的情形。在这之中,法律认可的丈夫可以提出离婚的理由有:妻犯"七出"❶、妻背夫在逃和妻殴夫三种;同样情况下,妻子可以要求离婚的理由则是:夫抑勒、纵容妻妾为娼或与人通奸、夫逃亡至三年以上和夫殴妻至折伤以上。❷ "以男为贵"的偏向昭然若揭。此外,在离婚后的财产分割与子女抚养权限问题上,传统法律制度也未对妻子的权益作出合理保护。子女抚养已不必多说,丈夫作为"家长"与第一顺位的亲权人,拥有在子女抚养问题上的绝对权力;妻子离婚便意味着离家,但无关乎子女,子女仍然是父亲家族的当然成员,只是母亲单方面地丧失对子女的"抚养权"。至于家庭财产,同样也全部归丈夫所有,且丈夫对于离婚后的妻子不负有扶养义务。❸甚至在有些时候,离婚后的妻子连婚前的随嫁妆奁也不能带走。❹

二、财产收入与政治参与

通过前面的梳理,我们已经不难发现,在传统婚姻关系与家庭制度下,中国女性是不可能拥有独立的"财产权"的。男子主外、女子主内的家庭分工从根本上断绝了古代中国女性参与家庭生活以外的社会活动的可能。不能外出就不能参与劳动就业,薪资酬劳自然无从谈起;而女性在家庭内部的劳作也被看作理所应

---

❶ 唐律以来,"七出"按顺序为"无子、淫佚、不事舅姑、多言、盗窃、妒忌、恶疾"。
❷ 刘宁元主编:《中国女性史类编》,北京师范大学出版社,1999,第135-137页。
❸ 刘宁元主编:《中国女性史类编》,北京师范大学出版社,1999,第138页。
❹ 明清律例均规定,妻改嫁不但不能携走夫之财产,即原存妆奁亦由夫家做主。

当的责任与义务，更无所谓经济意义。事实上，女子私蓄财产在中国法律传统上是被明令禁止的。古代中国女性有三从之道，"幼从夫兄，既嫁从夫，夫死从子"❶。出嫁前，女子需要受到父兄家长权力的管束，而在家长权力中，最重要的支撑力量之一就是对家庭财产的掌控。因此，未嫁女子的一切经济权限都由家长做主，出嫁妆奁也由父母办理，不存在私产之说。❷女子出嫁时，除了随嫁妆奁不再有额外的财产随行，因此婚后女子也无所谓私产。对于夫家财产，女子更无独立处分权，须听从丈夫或者其他男性家长的安排：妻子私留财产，或者私自处分夫家财产都构成"七出"之条的"盗窃"。

此外，中国传统的土地制度与继承规则也是造成当时女性经济地位低下的重要原因。事实上，对于以农耕经济为主的古代中国来说，土地才是最为核心的社会财产。当然，在相当长时期的皇权帝制统治下，这种社会财产的分配必然是以阶级标准为依据的。可即便抛开阶级的因素不谈，古代中国社会的土地分配制度也很难说是公平的。历代土地政策虽各有不同，但始终都贯穿着这样一条"通则"——"计丁受田"❸。所谓"丁"，指的就是成年男性。这就是说在中国传统社会，法律明确规定只有成年男性有资格分田立户，女性是不能占有土地的。这就从根本上将女性隔离在了社会核心生产资料之外，彻底消除了女性自主参与社会生产的可能。

至于继承方面，总体来看，古代中国女性可以说是没有"继

---

❶《孔子家语·本命解》。
❷ 瞿同祖：《中国法律与中国社会》，中华书局，2003，第5－28页。
❸ 刘宁元主编：《中国女性史类编》，北京师范大学出版社，1999，第187－188页。

承权"的。这主要源于中国传统的承祧制度。❶ 所谓承祧,就是上祭宗庙、下承子嗣,通常被用来指代某种身份的继承。在唐宋以前,所谓的继承通常只有宗祧继承,即所谓承祧,而没有单独的财产继承。前面已经提到,在传统的宗法制度下,古代中国女性是没有资格继承宗祧的,家长身份只能由家中的男性后代承袭。但到了唐宋时期,这种宗祧继承制逐渐开始松动,并随之出现了"分家"制度。所谓分家,是指除了宗祧继承人之外,家中其他的男性后代也能分得一部分家产的制度。分家只涉及财产不涉及身份,这种财产分配制度虽然仍然以男性为主,但却在实际上为女性保留了部分财产权利。在分家过程中,家中若有未嫁的女子,可以分得其在日后出嫁时所需的妆奁以及少部分的抚养费用。这里的未嫁女子既包括女儿,也包括姊妹。

除了分家,唐宋时期的宗祧继承规则还十分罕见地为女儿保留了部分财产"继承权"。只是这种财产的继承,需要以"绝户"为前提。所谓绝户,就是指"家庭中父亲已经与他的兄弟分家并独立门户,而父亲(和母亲)已去世,没有留下子嗣"的情形。❷ 依据唐律,如果父亲在去世时未就遗留财产作出安排,女儿可以继承父亲的全部财产,并且唐律未就女儿做"出嫁"与"未嫁"的区分。但宋律却将绝户的女儿分为未嫁、出嫁以及归宗三种情况,予以区别对待:只有未嫁女儿能够享有父亲完全的财产"继承权";归宗女儿只能继承父亲财产的一半,其余部分收为国有;出嫁女儿只有三分之一。这些有限的财产继承,作为中国历史上仅有的、法律明确规定女性享有财产继承资格的制度,是值得被肯定的。但同时我们也要清醒,这些仅仅是传统上关于宗祧继承

---

❶ 白凯:《中国的妇女与财产:960—1949》,上海书店出版社,2007,第2-3页。
❷ 白凯:《中国的妇女与财产:960—1949》,上海书店出版社,2007,第11页。

规则的特殊例外规定,且自宋代以后就再也没有出现过。特别是明代以后,子侄继嗣成为法律的强制性规定,中国传统女性的"继承权"再次被彻底剥夺。

既没有土地家产,又没有劳动的"权利",甚至连财产继承的资格也没有,中国传统社会的女性经济地位完全依附于男性,财产"权利"近乎丧失。与此同时,古代中国女性的政治地位和政治参与度也令人失望。同样地,在女子主内的原则要求下,古代中国女性以在外"抛头露面"为耻。同时,"女子无才便是德"的伦理要求也使得中国传统女性普遍知识水平偏低,不具备参与社会管理的基本素质。政治参与是男性的特权,女性的人生价值应当是相夫教子、做主中馈的贤妻良母。因此,绝大部分的女性都是没有机会接触政治的。历史上那些因为特殊的身份地位而"有幸"参与政事的小部分女性,也无不背负"女子误国"与"红颜祸水"的骂名。

当然,古代中国也并非完全没有女性涉政的历史事实。比如,"临朝称制"的吕后、"垂帘听政"的西太后以及唯一一位改朝换姓的"女皇帝"武则天等。但如前所述,中国传统社会将女子涉政视作"妖异","后宫干政"更是为传统正道所不容。历朝对女性参政都是极力阻止,如若无法阻止,便要求严苛、倍加指责,根本不会予以认可。因此,即便历史上确实出现过为数不多的女性政治家,但传统中国社会对于女性参政的否定性态度一直未曾改变,也不会改变。

三、纲常伦理与刑事立法

我们知道,在相当长的一段历史时期,中国传统社会"礼法并治"的现象是普遍存在的。自"西周初年,经过'周公制礼'

以后，周礼成了一个庞大的'礼治'体系"。但早期的周礼仍是以祭神祭祖为核心的原始礼仪，后来被"加以改造，予以系统化、扩展化，成为一整套宗法制的习惯统治法规"。❶ 直至儒家的经典著作《礼记》问世，礼治思想才初具雏形，并奠定了汉代以后"以礼入法""德刑并重"的统治传统。

根据儒家的传统思想，礼是富有差异性、因人而异的。每个人都必须按照自己的身份地位作出行为，合乎这个标准的才为礼；否则就是"非礼"。因而，在这之中最核心的那部分"礼"，便是关于贵贱、尊卑、长幼、亲疏的规范。为了明确身份差异、保持上下有序，儒家提出了君君、臣臣、父父、子子、兄兄、弟弟、夫夫、妇妇的纲常伦理思想。❷ 对于女性来说，父子尊卑和男尊女卑都是必须恪守的规范。这在前面的婚姻家事制度以及政治财产"权利"中均有所体现。但事实上，在儒家早期的礼治思想中，礼只是作为一项伦理道德规范被用于社会管理，直到秦汉以后，"礼作为言行规范"才成为"法的有机组成部分"，并同时成为"整个封建社会法律制度的最高指导原则"。❸

具体地来说，儒家的礼治思想之所以能够成为中国的法律传统，主要缘于以下三个方面的原因：首先，礼法分立主要出现在战国前后，诸子百家争鸣、学术派别林立才一时出现了"儒法之争"。自汉代"罢黜百家，独尊儒术"以来，各家学说思想均逐渐衰落消沉，唯有儒家以"正统"之名广泛流传。其次，秦汉以后儒家传统业已形成，统治者需要以律法来治理国家也已成为客观

---

❶ 蒋传光：《中国传统法文化中的秩序理念》，《东方法学》2012年第3期，第4页。
❷ 瞿同祖：《瞿同祖论中国法律》，商务印书馆，2014，第45–50页。
❸ 蒋传光：《中国传统法文化中的秩序理念》，《东方法学》2012年第3期，第5页。

事实，因而此后多数律法都是由"儒臣"编纂拟订。最后，古代政府官员大都集司法权与行政权于一身，在朝为官不可不懂法、不用法。因此，政府官员的儒学思想，通过立法、司法、行政等路径指涉社会生活的方方面面并进而成为中国传统社会的最高行为规范。❶

这里需要强调的是，儒家虽然重视"德治"，但"以刑辅教"的说法也不鲜见。教与化、礼与刑，二者各有其用，不可偏废。加之，古代中国大都以"刑"为"法"。由此，中国古代的刑事立法除了在思想上、内容上与纲常伦理保持一致之外，更是维护这种社会统治秩序的重要手段之一。"男尊女卑，故以男为贵"的传统性别观念，自然也贯穿在中国传统的刑事法律制度当中。这主要体现在女性独立法律人格的丧失上。虽然，父为子纲、夫为妻纲的家长宗法制，以及婚后女子须得冠夫姓等强制性的制度规范，都在一定程度上体现了女性对于男性的人身依附；但明清时期，法律明确规定，"妇人犯罪除犯奸罪及死罪才收禁在监，其余杂犯无论轻重都不收监，而责斥本夫收管"，则是言明了女性在刑法人格上是"处于夫权之下的情形"。❷

此外，在有关告诉罪的处理上，"男女之别"也十分明显："妻告夫亦为干名犯义，与卑幼告尊长同样治罪"，而"夫告妻是不成立干名犯义之罪的，其责任与尊长告卑幼同样待遇"。同时，在"夫妻相殴杀"的情形中，"妻殴夫较常人加重处罚"，但"夫殴妻则采减刑主义"："妻殴夫但殴即成立殴罪，不问有伤无伤；夫殴妻则无伤不成立殴罪，明、清时非折伤不论，且妻须亲告才构成殴伤罪"；"夫过失杀妻是不问的，但妻之于夫却无此权利"，

---

❶ 瞿同祖：《瞿同祖论中国法律》，商务印书馆，2014，第 1－44 页。
❷ 瞿同祖：《中国法律与中国社会》，中华书局，2003，第 115 页。

"仍须按妻殴杀夫本律问拟斩决";甚至,"不论是否有理由,妻皆不能行使自卫,即使在情势危急之下,也不能例外"。❶ 由此不难看出,"男尊女卑"的传统性别观念直接导致了传统刑事立法中对于丈夫殴打妻子现象的宽容与放纵。

在古代中国社会,女性不具备法律上与伦理上的独立人格,男子主外、女子主内的伦理规范更是将女性隔离在了与家庭生活严格对立的社会生活之外,而传统法律制度对于纲常思想的承认与维护也使得"男尊女卑"的性别观念被进一步合理化与正当化。中国社会虽不具备与西方相同的文化传统,但东西方女性在两性关系中历史处境却是如出一辙。这也再次证明了性别法律关系问题应当是东西方社会都需要面对的共性问题。同时,由于中国传统社会的历史较西方更为悠久且近代思想传入中国时间较晚,中国社会现代化的改革进程又并非自觉自发,因此中国社会受传统性别观念的影响更深、束缚更重。

第二节 性别关系现状

通过前面的论述,我们不难发现,在中国传统社会,不正义的性别制度以封建礼法为依托,确立了女性在婚姻、家庭以及继承关系中相对于男性的劣势地位。同时又在此基础上,进一步明确了女性在政治、财产领域,以及刑事立法当中相对于男性的从属地位。但历史已经过去,我们也应当看到,传统的婚姻、家庭、继承关系在中国当代的法律制度中已基本无迹可寻,当代中国女

---

❶ 瞿同祖:《瞿同祖法学论著集》,中国政法大学出版社,2004年修订版,第124 – 135页。

性的政治、财产权利也均受到法律的保护。那么，不正义的性别传统是否已经发生了变革，就成为我们接下来需要讨论的问题。

一、婚姻家庭生活

中国向来重视家庭问题，一直把对婚姻家庭权利的保障作为维护女性权益、促进女性发展的重要手段之一。在自由、民主的现代法治中国，以一夫一妻、男女平等为原则的婚姻家庭制度早已确立。婚姻不再以"父母之命、媒妁之言"为必备要件，你情我愿、两情相悦才是婚姻自由的感情基础。夫妻双方家庭地位平等，均可自由参加生产、学习、工作、社会活动，并可就财产、子女抚养等问题进行平等协商。离婚也以自愿为原则，且承担家庭义务较多或离婚后生活较困难的一方可以在离婚时要求另一方给予补偿或者适当帮助。夫妻双方彼此享有继承的权利。任何家庭成员在遭到家庭暴力或者虐待、遗弃时均有权请求帮助。可见，在法律上，传统制度中关于妻子无独立人格、须终身依附丈夫的伦理规范早已不复存在。

可事实上，男子主外、女子主内的传统性别观念却至今深刻影响着中国当代社会的婚恋价值观与家庭内部分工。中国妇女杂志社及其属下的婚姻与家庭杂志社曾就"婚姻关系中的亲密状况"进行过专门的社会调查。此次调查的结果显示，男性被访者认为当代女性的魅力应当以"上得厅堂、下得厨房"和"善解人意、聪明贤惠"两类特质为优先。具体来说，他们需要女性"教子有方，儿女有出息"，还要女性"会打理家庭"，最好能够"相夫教子，成为男性的'港湾'和'后盾'"。而在女性被访者中，近半数的人认为女性的价值应当在于"干得好，经济独立"和"有自己的专长或爱好"。但也另有半数左右的女性被访者认为，"教子有方，

儿女有出息"和"会打理家庭"是女性价值的重要体现。❶

在关于女性价值的问题上,此次调查的结果确实存在着相当程度上的性别差异。男性被访者尤其强调女性的家庭角色,而女性被访者在认同自身家庭角色的同时,还注重个人的独立与发展。但在男性价值的问题上,男性被访者与女性被访者的意见却出奇一致:男女两性均认为男性的价值应当体现在"有自己的事业追求"和"顾家有担当"两个方面,且都强调男性在家庭生活中的主导地位。此外,值得一提的是,在此次调查的过程中,只有8.6%的男性被访者认为"博学广闻"是女性应当具备的价值,这种意见在女性被访者中的比例也仅占12.5%,位列最末。这与"博学广闻"在男性价值认同中位列第五、占比35%的情形全然不同。"男子主外、女子主内""女子无才便是德"的性别传统在当代社会仍然相当普遍。

如果说婚恋价值观还只是传统性别观念在思想文化上影响当代社会生活的一个方面,那么这种价值观所投射出的家庭分工现状,就是性别传统对当代婚姻家庭生活的实际作用体现。根据2016年第12次中国城市女性生活质量调查数据显示,65%的女性被调查者是家务劳动的主要承担者,其中还不包括22.8%主要由家中老人承担家务劳动的情形;而丈夫承担家务劳动的比例仅有6.8%。同时,进一步交叉分析的结果显示,被调查女性的年龄越大,自己承担家务劳动的比例越高,在50~60岁的年龄段中这一比例已经占到了88%。❷

---

❶ "婚姻关系中的亲密状况调查报告",韩湘景主编:《中国女性生活状况报告 No.11 (2017)》,社会科学文献出版社,2017,第102-130页。
❷ "第12次中国城市女性生活质量调查报告(2016年度)",韩湘景主编:《中国女性生活状况报告 No.11 (2017)》,社会科学文献出版社,2017,第15-101页。

此外，还有学者通过建立不同偏好的"非一致同意"模型，更加直观地说明了夫妻间时间利用上的性别差异。在这项调查中，夫妻间的时间利用被区分为家务、工作、闲暇和个人照料四类❶，经过统计分析，得到的调查结果完全印证了传统性别观念中对于家庭内部分工的性别"刻板印象"❷。"总体而言，妻子比丈夫在家务上花费更多时间（每个工作日多131.5分钟），其次为个人照料（每个工作日多26分钟），而丈夫比妻子享受更多闲暇（每个工作日多18.1分钟），但却在工作上付出更大努力（每个工作日多从事137.1分钟）。""这说明传统社会性别角色规范仍然深刻影响着中国夫妻间的时间利用模式。"❸

二、思想文化教育

如前所述，如果性别传统对于当代的社会生活有所影响，那么一定首先体现在思想文化层面。婚恋价值观仅仅是这些影响之中的一个侧面而已。作为传承思想文化最重要的手段之一，学校教育自然也会对传统的性别观念有所体现。在这之中，教材内容与设计上的"性别歧视"是最好的例证之一。

有学者对我国目前正在使用的义务教育教科书进行抽样调查

---

❶ 根据提出此项研究方法的学者观点，"非一致同意"模型假设夫妻双方具有不同的个人效用函数；调查人员首先假设，家庭内部的资源分配包括时间利用在内都是夫妻双方作为独立的社会个体相互博弈后的结果；同时，夫妻间的竞争博弈需要受到社会价值体系和社会规范的影响；在这之中，家务时间是指每日用于干家务的时间，包括照顾家庭成员和做饭、清洁打扫等的时间；工作时间是指每日用于薪酬工作或务农的时间；闲暇时间是指每日用于看电视、阅读、做运动、上网、个人爱好和社会交往等活动的时间；个人照料时间是指每日用于睡觉、洗澡、饮食等活动的时间。

❷ 李银河：《性别问题》，青岛出版社，2007，第246-257页。

❸ 刘娜、Anne de Bruin：《家庭收入变化、夫妻间时间利用与性别平等》，《世界经济》2015年第11期，第124页。

时发现,其中的插画与文本内容均含有十分明显的性别"刻板印象"。依据抽样调查结果显示,此次被调查的教科书在插画人物的出现频率上,男性角色远高于女性,是女性的 3.5 倍之多;在多个人物共同出现时,全男性的比例明显偏高,即便两性角色共同出现,女性也多为家庭主妇形象或者处于相对次要、辅助的位置上。同时,文本内容与插画中出现的知名人物、社会精英等全部是男性角色,具有冒险性、创造性的体育运动、社会活动和职业类型等也几乎都由男性角色从事;女性角色多以柔弱形象出现,或者根本不出现。❶ 我们知道,处于义务教育阶段的低幼龄学生大都尚未形成固定的性别观念,极易接纳和吸收外界信息,并以此形成或修正个人的性别观点。同时,这种"原生"的性别观点一旦形成,又因为先入为主而很难再被改变。因此,在义务教育阶段的教科书中出现如此明显的"性别歧视"偏向,很难说不会对青少年的性别观念养成产生负面影响。

事实上,传统性别观念对于学校教育的实际影响,随着教育阶段的提高呈现出逐渐加深的趋势。如果说,在初等教育阶段,性别传统还只是在观念层面发挥作用的话,那么在高等教育阶段,学生的学历分布、专业选择、课堂教育、社会活动以及体育锻炼和心理状态等均受到传统性别观念的影响。

"性别隔离"现象,原本主要用来说明劳动就业环境下,"劳动者因性别不同而被分配、集中到不同的职业类别,担任不同性质工作的状况"❷。但当下,这一现象却越来越多地出现在高等教

---

❶ 潘腾、孙庆括、胡启宙:《初中数学教科书中性别不平等问题研究》,《南昌师范学院学报(综合)》2018 年第 3 期,第 4 – 8 页。
❷ 肖冰:《高等教育专业性别隔离研究》,武汉工程大学硕士学位论文,2013,第 4 页。

育当中，尤其是一些特殊专业高等院校的入学资格限制上。比如，军事类、侦查类、工程类、机械类的专业院校通常都会对女性学生报考设置较多的限制条件，而语言类、艺术类、医药护理类、新闻传播类等专业院校被认为更适合女性学生就读。其次，在专业和学科选择上也体现出"男女有别"。通常，被认为是"男性友好专业"的有物理学、地质学、数学等理科类学科，而广告学、教育学、语言类等文科类学科则被认为是"女性友好专业"。以北京大学为例，在1978—2005年新入学的学生中，选择"男性友好专业"的各专业男生人数比例均在75%以上；自2000年以后，选择"女性友好专业"的女生人数比例也达到了70%以上。❶ 此外，根据某网站发布的2018届高校毕业生各学科门类性别比❷数据，排名前五位的分别是工学2.18、军事学1.57、哲学1.48、农学1.33和理学1.07，后五位则是教育学0.65、经济学0.73、艺术学0.77、文学0.79和管理学0.81。从学历分布来看，高等教育也呈现出一定的性别差异。根据网络数据显示，2018届高校毕业生中大专、本科、硕士研究生、博士研究生学历的男女人数比分别为1.23、0.95、0.98和1.76。❸ 由此可见，"性别隔离"现象在学历层次较高的博士教育阶段中体现得最为明显。

除了总体上的"性别隔离"，存在于高校学生学习生活细节中的"性别偏见"也是随处可见。"大量研究都证明师生互动机会存在性别差异。主要表现为：教师与男生互动频率多于女生，与男

---

❶ 刘云杉、王志明：《女性进入精英集体：有限的进步》，《高等教育研究》2008年第2期，第57—60页。

❷ 所谓学科门类性别比，即为各学科门类的男性毕业生人数除以女性毕业生人数之后所得数值。

❸ 梧桐果：《2018校招女性求职报告：本科"阴盛阳衰"严重，毕业生更爱新兴行业》，https://www.wutongguo.com/report/108.html，访问日期：2020年1月11日。

生互动时间长于女生";"教师会对男生课堂表现给予更多更明确更及时的反馈,如表扬、批评或纠正,而对女生则无明确反馈"。并且,"教师对不同性别学生存在不同的性别期望","大多认为女生就应该乖巧、安静、顺从,而男生就应该活泼、积极、主动、有进取心"。❶ 类似的情况在学校社团等社会活动中也有所体现。有学者对广东地区的 11 所高校进行抽样调查时发现,当下女大学生在参与校园社团活动时,思维方式和行为模式均呈现明显的"男性化"特征,但由于女生应该"柔弱、依附"的"性别偏见"而很难从与男生的竞争中脱颖而出。❷ 与此同时,这种"男强女弱"的"性别偏见"还直接影响着高校学生的体育锻炼和心理健康状况。依据调查数据显示,男大学生总是更多选择篮球、网球等激烈性的运动,而女生则更喜欢羽毛球、跑步等较舒缓的运动。❸ 此外,在对于性别差异问题的认知上,男生与女生之间也呈现出比较明显的性别差异。以广州某高校为例,93.23% 的女生认为有性别差异存在,而男生只有 87.4%。❹

三、经济财产状况

事实上,正如前面提到的,"性别隔离"现象在劳动就业领域的出现,可能比教育领域更早。但教育上的性别不平等无疑更加重了就业环境中的性别不正义。一方面,由于专业限制的存在,

---

❶ 王琪:《师生互动中性别不平等问题分析》,《基础教育研究》2016 年第 17 期,第 43 – 44 页。
❷ 王鹏:《95 后女大学生社团参与状况实证研究——基于性别差异的分析》,《青少年学刊》2018 年第 2 期,第 52 – 56 页。
❸ 刘晓云:《体育锻炼性别差异及其对心理健康的影响研究》,《教育评论》2018 年第 5 期,第 154 – 156 页。
❹ 张科:《高校大学生思想政治教育性别差异调查分析》,《教书育人(高教论坛)》2018 年第 6 期,第 52 页。

教育阶段的"性别隔离"自然而然就会延伸到求职就业阶段；另一方面，传统的性别观念还为女性就业增添了额外的压力。我国台湾地区的一项大学生就业性别差异调查显示，"社会传统观念"、"用人单位思维定式"和"文化影响"是导致就业性别歧视的最主要原因；且因为"用人单位思维定式"而受到歧视的女性就业者，比男性多出 7.5 个百分点；与此同时，只有 24.47% 的女性表示对就业前景有信心，低于男性比例约 10 个百分点。❶

仅就高校毕业生的就业情况来看，女性就业者不仅在职业选择上比男性少占优势，在就业机会和薪资待遇方面也与男性就业者存在较大差距。依据网络统计数据显示，男性毕业生通常在 3 个月以内就能够找到工作，其中 43.25% 的人只需要不到 1 个月；而 40.31% 的女性毕业者至少需要 2~3 个月才能找到工作，求职时间在 3 个月以上的女性毕业生占到 36.04%，其中有约 10% 的人求职 5 个月以上仍未找到工作。薪资待遇方面，各学历的男性毕业生平均薪资均高于女性，且学历越高差距越大。以 2018 届的博士毕业生为例，男性的平均薪资为 12 089 元/月，比同等学历的女性平均每月高出 2 004 元。❷

这里需要说明的是，就业环境下的性别不正义并非只局限于高校毕业生的求职情形之中。根据 2010 年第六次全国人口普查的数据显示，中国男性的劳动参与率为 78.2%，女性为 63.7%；相比于 2000 年第五次人口普查劳动年龄人口数据的 82.5% 和 71.5%，虽然均有所下降，但女性劳动参与率的下降速度明显较

---

❶ 郭梦珂：《台湾地区大学生就业性别差异调查研究》，《中国冶金教育》2018 年第 3 期，第 122 页。

❷ 梧桐果：《2018 毕业生男女就业现状分析：学历越高性别薪资差异越明显》，https://www.wutongguo.com/report/93.html，访问日期：2020 年 1 月 11 日。

快，已近乎男性的两倍。此外，在城镇单位就业的"女性多集中在家庭角色社会延伸的工作领域，比如卫生、住宿、教育、文化等，或者集中在对体力要求不高的工作领域，比如金融、批发、服务等。而在建筑、采矿、交通、电力这类传统意义上男性占优势的领域，女性的比例相当少"❶。在非正规就业当中，根据2010年的统计数据，城镇女性的非正规就业比例已经达到51.6%，高于男性。这意味着一半以上的城镇女性都在从事非正规就业的行业。但在全部的非正规就业者中，女性只占47.3%，仍低于男性比例。在劳动收入方面，1990年，女性的劳动收入是男性的81.7%；2000年，城乡女性劳动收入分别下降到男性的70.1%和59.6%；2010年，城乡女性劳动收入分别仅占男性的67.3%和56%。这表明，"劳动力市场性别不平等现象长期存在，对劳动收入性别差距的影响不断加大"❷。

在关注性别差异的同时，我们也不能忽视城乡差异。农村女性的经济状况受性别传统的影响更甚。这与农业经济主要依靠土地是分不开的。事实上，早在中华人民共和国成立以前，中国共产党领导下的"革命区"就已经开始实行土地改革政策。例如，抗日战争期间，陕甘宁边区推行的《中国土地法大纲》明确规定，一切土地"不分男女老幼，统一平均分配"❸。中华人民共和国成立后，女性的社会地位和经济地位进一步提升，现已形成以《中华人民共和国农村土地承包法》（以下简称《农村土地承包法》）

---

❶ 刘伯红、李玲、杨春雨：《中国经济转型中的性别平等》，《山东女子学院学报》2015年第2期，第23页。
❷ "妇女与经济领域法律政策及发展状况回顾分析"，谭琳主编、姜秀花副主编：《2013~2015年：中国性别平等与妇女发展报告》，社会科学文献出版社，2016，第147页。
❸ 孙文恺：《法律的性别分析》，法律出版社，2009，第288–291页。

为主，保护女性和男性享有平等土地权益的法律政策体系。但有学者在 2005 年对部分贫困地区的农村土地占有情况进行实地调研时发现，仍然存在土地分配、土地承包过程中女性权益未被公正对待的情况。"妇女在土地分配问题上仍旧处于脆弱状况"，"没有人认为土地是属于女人的"。❶

第三节 性别文化遗留

中国共产党一直将妇女解放和妇女权益保护视为国家社会整体发展过程中极为重要的一个组成部分。特别是中华人民共和国成立以来，党和政府在推进性别平等与妇女发展方面均已取得显著成效。但妇女发展仍然面临问题与挑战，全面实现性别平等仍然是一项长期的历史任务。通过前面的论述，我们不难发现，不正义的性别关系历史与现状在很大程度上均是受到传统性别观念的影响才形成的。那么，这种不正义的性别传统究竟从何而来又为何残留至今，就成为我们必须讨论的问题。

一、人类发展的基本需要

事实上，"男尊女卑"的性别关系并不是自始就有的。❷ 有学者认为，"华夏族（黄河流域）曾有过母系氏族时代（不存在母权制），并经历了由母系氏族向父系氏族的转变（龙山文化时期或曰从传说中的五帝到史家所说的三代中的夏代）；商代是父系制高度

---

❶ 李小云、董强、刘晓茜、吴杰：《资产占有的性别不平等与贫困》，《妇女研究论丛》2006 年第 6 期，第 28 – 32 页。
❷ 李银河：《两性关系》，华东师范大学出版社，2005，第 11 – 13 页。

发展的时期；西周灭商，以周礼的建立作为标志的父权制已经完全确立，华夏族性别制度到这时已经定型"❶。这也就是说，"男尊女卑"的性别传统是从父权制的性别社会制度确立之后才开始逐渐形成的。提及社会制度，它"是人类活动有组织的体系"，"任何社会制度都针对一根本的需要；在一合作的事务上，和永久地团集着的一群人中，有它特具的一套规律及技术。任何社会制度亦都是建筑在一套物质的基础上，包括环境的一部分及种种文化的设备"。❷ 性别制度自然也不例外。那么，性别制度针对的是人类的何种基本需要，答案大约是种族延续。

毫无疑问，性别制度是以人类先天的、自然的、几乎不可改变的"性"为前提的。而人类社会中，"性"的天然属性区分无非主要两种：男性与女性。在所有有关男女两性的社会制度之中，种族延续都是人类最基本的需求。维护社会的秩序与稳定，建立婚姻与家庭关系，都不是性别制度的最终目的。"生殖作用在人类社会中已成为一种文化体系"，"种族的需要绵延并不是靠单纯的生理冲动及生理作用而满足的，而是一套传统的规则和一套相关的物质文化的设备活动的结果。这种生殖作用的文化体系是由各种制度组织成的，如标准化的求偶活动，婚姻，亲子关系，亲属及氏族组织"。❸ 由此，人类社会的性别关系制度是一种以生育为目的、以种族延续需要为基础的社会制度。

人类需要发展，必然要以一定数量的人类生存为前提。但人的生命总是有限的。于是，为了人类社会的延续，不断孕育新个

---

❶ 杜芳琴：《中国社会性别的历史文化寻踪》，天津社会科学出版社，1998，第29页。
❷ 费孝通：《费孝通译文集》（上册），群言出版社，2002，第214页。
❸ 费孝通：《费孝通译文集》（上册），群言出版社，2002，第223-224页。

体以代替逝去的生命、维持社会生活的正常运转是人类生存的基本需求。但人同时也是脆弱的,尤其是刚刚来到这个世界的时候。与许多动物不同,人类需要经历相当长的一段婴幼儿时期才能成长为在生理上相对独立的个体。然而更重要的是,人类生理上的独立与其作为一个独立的个体在人类社会中生存是完全不同的两回事。人是社会性的动物,在人类社会中生活需要具备与此相应的社会知识与能力。因此,"社会性的抚养"与"生理性的抚养"一样,对于人类的后代繁衍来说均至关重要。

同时需要明确的是,"在生物基层上,种族绵续和个体生存实在可以说是相矛盾的":"生殖是损己利人的","新生命的产生没有不靠母体的消耗和亏损","孩子的生活既须父母供养,在父母说来总是自己的牺牲"。❶ 但自人类有社会以来,长久的社会生活经验也证明人类无法仅依靠单独的个体生存下去。人类的生存必须以人类社会的完整为前提。这也是人类社会需要以特定的社会制度认可并规范生育行为的最主要原因。

事实上,关于人类的生殖行为与抚育行为之间是否存在某种生理上的必然联系,这个问题是值得商榷的。如果生理性抚育还能够以一定的生理本能作为缘由,那么相对时间更长、消耗更大、过程更为复杂的社会性抚育就很难用人类的生理本能来解释了。换句话说,人类的生殖行为与抚育行为之间的联系在更多意义上是社会性的。而这种社会性的联系,主要通过婚姻与家庭关系来实现。当然,这里也不应遗漏自然社会分工的重要作用。由于生理上的特殊性,女性在生育过程中相比于男性的负担更重,且在分娩前后的较长一段时间里都不具备劳动能力。此时,女性与婴

---

❶ 费孝通:《生育制度》,生活·读书·新知三联书店,2014,第18页。

幼儿的基本生活就需要借助一定外力才能够获得满足。于是，在母亲之外，我们还需要父亲，甚至其他家庭成员。婚姻关系就是人类社会用以确定父亲身份的主要手段，家庭关系也是在此基础之上的延伸，它们共同被用来确保生理性抚育与社会性抚育的实现。同时，婚姻与家庭关系也构成了性别关系的重要组成部分并体现为相应的性别制度，用以满足人类社会种族延续的基本需要。

二、社会发展的历史局限

即便存在自然的社会分工与人类发展的基本需要，人类社会需要以男女两性来共同承担生育后代的社会责任，这也不以"男尊女卑"的两性关系为必要。前面已经提到，在曾经的母系氏族时代，人类社会以相同的自然社会分工繁衍生息却并没有出现所谓的母权制，不正义的两性关系是从父权制确立之后才开始出现的。因此，在讨论不正义的性别观念由来时，我们不得不把社会的历史发展考虑在内。

在母系氏族时代后期，由于劳动工具不断改进，社会生产力获得发展，农耕经济逐步成为社会主要的经济形式。男性因为在体格与力量上的优势，逐渐成为主要的社会劳动承担者。同时，随着社会物资的积累，私有制也慢慢出现。彼时的中国社会，在经由母系氏族时代演进至父系氏族时代之后，历经奴隶制时代，最终演变为长期以土地私有为核心的封建皇权社会。在长久的父权制历史中，不正义的两性关系在社会劳动分工与生产资料占有方面最先产生。因为农耕经济主要依靠体力与土地资源的特性，女性在社会劳动中逐渐趋于劣势而不得不退居家庭。而父权制的社会制度为了将这种社会分工进一步地合理化与正当化，便以礼法制度为依托确认并维护了"男尊女卑"的性别关系。

由于在经济上依附男性，女性在家庭生活中的地位也相对低下。原本"生儿育女"的负担只是因为生理特性使然，可当这种社会分工被"男尊女卑"的礼法制度予以正当化后，"相夫教子"便成为女性的职责与义务。与这种职责义务相对的，是丈夫要求妻子保持性专一的权利。前面曾经提到，婚姻关系是人类社会用以确定父亲身份的主要手段。但我们也不应该忽略婚姻关系之外的生育行为的存在。"在我国传统的法律上，非婚生子女和他们的生父还是须经过法律手续才能成立父子关系"，"反过来，自己妻子和外遇所生的子女和自己虽没有生物关系，亦须经过法律手续才能否认父子关系"。❶ 因此，妻子对于丈夫的贞操义务是为了在最大限度上保证依据婚姻关系确定的亲子关系与实际情况是相符的。

然而，在父权制的社会环境下，夫妻间的贞操义务是不对等的。前面曾经提到，古代中国男性妻外有妾是受到法律认可的。因此，传统婚姻关系在确定父亲身份的同时，更重要的作用在于保证父系血统的"纯正"。这一点与皇权社会对于继承者血统"正宗"的要求是分不开的。自周礼确立以来，中国传统社会的宗法制度已经基本完备，父系承袭兼"立嫡立长"成为确定继承人的基本原则。即便后世的宗法制度逐渐松动，"立贤"的情况也时有发生，但继承资格依然主要限制在父系血亲的范围之内。对于统治者而言尤为如此。政治统治的正当性以皇权继承人的血统"正宗"为首要前提。于是，皇权统治者出于政治统治的需要，也必然要将这种"男尊女卑"的贞操观念和性别关系予以制度化、法律化。

---

❶ 费孝通：《生育制度》，生活·读书·新知三联书店，2014，第43页。

此外，在生产力相对不足且常年战乱的历史社会，人口的自然增长率低下是一种常态。为了维持相对稳定的人口数量，人口生育就显得至关重要。连续的生养导致女性经常处于丧失劳动能力的状态，这无疑加剧了传统社会女性对于男性的经济依附与人身依赖。同时，出于对劳役与兵役的需求，统治者也愿意赋予男性以更高的社会认可。因此，生产力水平的限制以及巩固政治统治与社会发展的需要，都成为"男尊女卑"的性别关系和性别制度得以形成的历史原因。在此基础上产生并不断被强化的传统性别观念也很难被称为是正义的。

三、观念变革的传统遗留

自晚清以来，中国传统社会开始受到来自西方的近代思想的挑战。[1] 这一时期，伴随着妇女解放运动的兴起与发展壮大，中国女性的社会地位逐步提高。

在太平天国时期，女性享有与男性相同的土地分配资格，这一点被当时的法律予以确认。同时，太平天国还设立了专门的女官选举制度，允许女性在军队中担任职务、参加战斗，和男性共同参与社会管理等公共事务。虽然，这些改革措施被认为是出于革命需要"不得已而为之"，但确实开启了改变女性传统社会地位的现实尝试。到了戊戌变法与辛亥革命时期，西方的自由思想之风更盛，伴随着资本主义经济形式的兴起，女性走出家庭、参加劳动的情况越来越普遍。为了满足女性参与社会生产的需要，女性解放思想与女性教育也日渐盛行。兴办女子学校、创立女性刊物、组织女性团体，成为这一时期妇女解放运动的主要形式。有

---

[1] 孙文恺：《法律的性别分析》，法律出版社，2009，第276页。

学者认为，此时的中国社会已经开始出现西方的"女权"思想并呈现出一定的"中国特色"。❶

虽然自太平天国起，提倡婚姻自由的制度改革就一直存在，但直到五四运动时期，恋爱结婚才"逐渐成为青年们心中理想婚姻的最高标准"❷。在五四"新思想"的助力下，妇女解放运动逐渐进入全盛时期。在这期间，社会主义的妇女解放思想发挥着巨大的作用。中国共产党自成立以来，就致力于妇女解放事业，并"把妇女解放运动同中国的革命斗争紧紧地结合在一起"❸。1931年《中华苏维埃共和国婚姻条例》明确了婚姻自由、禁止纳妾等基本原则，对结婚与离婚的条件和程序也作出了规定，并着重突出对妇女权益的保护。同一时期的《中华苏维埃共和国宪法大纲》更是直接将"妇女解放"写入具体条款，并明确规定女性享有与男性平等的选举权与被选举权。此外，《中华苏维埃共和国劳动法》也赋予女性与男性相同的劳动权利，并对女性予以特殊的劳动保护。在中国共产党领导下，以男女平等为原则，同时侧重保护女性权益，维护女性在政治、经济、文化以及婚姻家庭中平等权利的妇女解放政策，极大地提升了当时女性的社会地位。

中华人民共和国成立后，特别是改革开放以来，中国在妇女权益保护与促进女性发展方面不断取得新进展。现在已经基本形成以《中华人民共和国宪法》为根据，以《中华人民共和国妇女权益保障法》为主体，包括《中华人民共和国刑法》、《中华人民

---

❶ "近代中国的女权概念"，王政、陈雁主编：《百年中国女权思潮研究》，复旦大学出版社，2005，第37-57页。

❷ "民国初年新旧冲突下的婚姻难题——以东南大学郑振埍教授的离婚事件为分析实例"，王政、陈雁主编：《百年中国女权思潮研究》，复旦大学出版社，2005，第92页。

❸ 汪玢玲：《中国婚姻史》，上海人民出版社，2001，第421页。

共和国民法典》、《中华人民共和国劳动法》、《中华人民共和国教育法》、《中华人民共和国母婴保健法》、《中华人民共和国反家庭暴力法》、《中华人民共和国农村土地承包法》、《中华人民共和国就业促进法》以及《女职工劳动保护特别规定》等主要法律、法规在内的一整套法律规范体系。曾经不正义的性别传统赖以生存的现实基础已经发生了变革。可令人遗憾的是，当下性别关系的现状却表明，中国女性的社会待遇仍然普遍低于男性。这很难被称为正义的。曾经的皇权统治早已不复存在。社会生产也得到极大发展；除了部分农村，农耕经济也不再是社会最主要的经济形式。人口的自然增长也基本维持在稳定水平。同时，我们在前面也已经提到，人类发展的基本需要只能说明人类社会婚姻关系与家庭制度的存在必要，并不能被用来解释"男尊女卑"的性别关系的合理与正当。那么，当代中国社会残存的不正义的性别传统，在排除了政治、经济、社会以及自然因素的影响之后，其缘由就只剩下文化传统遗留这个唯一可能的选项了。

CHAPTER 06 >> 第六章
女性发展的能力法学进路

在已有的诸多法学理论当中，没有哪个学科会比女性主义法学更加关注女性发展。女性发展本就是一个极其复杂且长期存在的综合性社会问题。为解决这一问题，法律作为一项社会制度，在价值导向、规范指引、观念表达，甚至是保障国家机器的运转上都有着不可替代的作用。"女性主义法学除了指出法律的性别倾向所暴露的人类社会制度设计中的缺陷，使人们意识到人类社会长期隐蔽的各种不公、法律与这些不公之间的关系，还预告了一种更值得期盼的法律的未来，这就是随着性别界限和隔阂的消除，法律也真正成为公平和正义的象征。"[1] 而能力法学进路则在最大限度上保证法律在对待女性发展问题上的性别正义。

---

[1] 马姝：《法律的性别问题研究》，中国社会科学出版社，2017，第51页。

第一节 "人的尊严"导向的法律正义

"我们应该认识到,追求公正在一定程度上意味着行为模式的逐步形成。"❶ 而在促使人们逐步形成某种行为模式的众多社会规范中,法律无疑是最为核心的规范之一。在性别法律问题上,国内学界始终存在着这样一个理论分歧:我国现行法律中的女性,是否已经取得了与男性平等的地位。女性主义法学者对此多持否定意见。而在持肯定意见的学者之中,周安平教授的观点颇具代表性。他认为,虽然"性别平等在公共领域中的法律文本上已经确立",但"性别歧视还那么广泛地存在于现实生活当中"❷。这意味着,已有的"性别平等"法律制度无法带来性别平等的社会现实——这既是性别平等价值的理论缺陷,也是性别正义价值的现实基础。而以"人的尊严"为价值导向的能力法学,在为社会设定最低限度的正义标准的同时,也为法律上的正义确立了内涵。

一、性别意识的改造

我们在前面已经提到,在中国历史上曾长期存在着不正义的性别传统,它以性别文化的形式遗留至今。在这之中,传统的性别意识观念便是这种传统文化的最集中呈现。那么,若要改变当下社会现实中的性别不平等现象,显然就不能对这种性别意识放

---

❶ 阿马蒂亚·森:《正义的理念》,王磊、李航译,刘民权校译,中国人民大学出版社,2012,第61页。
❷ 周安平:《性别与法律:性别平等的法律进路》,法律出版社,2007,第1页。

任不理，必须对其进行相应的改造。

中华全国妇女联合会和国家统计局于 2011 年发布的调查数据显示，有 68% 的被调查男性认为，中国社会已经基本实现了性别平等，甚至女性的社会地位相对更高。只有 32% 的被调查男性认为中国男性的社会地位仍然高于女性。相应地，持有上述两种观点的女性被调查者比例分别是 62.1% 和 37.9%。❶ 这样的调查结果不可谓不意外。但这样的数据似乎又能够解释近年来在有关性别平等的话题讨论中频繁出现的疑问：中国社会的男女不是已经平等了吗？❷ 通过前面章节的讨论，我们得出的结论是：中国女性在社会待遇方面仍然普遍低于男性。那么，关于"已经平等"的质疑又是从何而来的呢？

依据联合国 1980 年《消除对妇女一切形式歧视公约》（以下简称《消除歧视公约》）第一条规定："'对妇女的歧视'一词是指基于性别而作的任何区别、排除和限制，其作用或目的是要妨碍或破坏对在政治、经济、社会、文化、公民或任何其他方面的人权和基本自由的承认以及妇女不论已婚未婚在男女平等的基础上享有或行使这些人权和基本自由。"❸ 这也就是说，性别歧视不仅包括直接"基于性别而作的任何区别、排除和限制"，同时还包括"其作用或目的是要妨碍或破坏"性别平等的歧视行为。换句话说，在《消除歧视公约》语境下的性别平等同时包含了形式平等与实质平等的双重价值。这是各国就性别平等问题所达成的

---

❶ 吴利娟：《中国社会男女平等吗——性别不平等的认知差异与建构》，《学术研究》2017 年第 1 期，第 67 页。

❷ 李银河：《李银河：我的社会观察》，中华工商联合出版社、北京时代华文书局，2014，第 49–50 页。

❸ 中国人大网：《消除对妇女一切形式歧视公约》，http://www.npc.gov.cn/wxzl/wxzl/2000-12/26/content_1211.htm，访问日期：2020 年 5 月 28 日。

"公共理性"之一。

作为《消除歧视公约》的缔约国之一,中国自然也认同并遵守同样的性别平等价值。更进一步地说,性别平等之下的形式平等与实质平等之间的边界应如何确定,以及这二者之间产生冲突时该怎样融合却是《消除歧视公约》留给各缔约国因地制宜的"酌情处理"事项。

虽然自缔约至今,中国已经向负责监督公约执行的消除对妇女歧视委员会多次提交了国情报告,但却一直未能在国内法律上明确"性别歧视"的准确含义,也始终未能厘清性别形式平等与实质平等之间的关系。这就在一定程度上解释了我们在前面提到的学界理论分歧的存在缘由。认为法律上的性别平等已经实现的那部分学者,与在社会调查中认为女性的社会地位已相对较高的那部分被调查者相同,都是基于这样一个事实判断——"我国法律上早已为男女形式平等提供了保障,民众对男女平等也有了一般的意识"❶——才得出以上结论。

可现实的情形却是,当代中国女性从校园教育到职场就业,从社会资源占有到家庭生活关系的方方面面都依然实际遭受着"基于性别而作的""区别、排除和限制"。《消除歧视公约》第五条要求:"缔约各国应采取一切适当措施:改变男女的社会和文化行为模式,以消除基于因性别而分尊卑观念或基于男女定型任务的偏见、习俗和一切其他方法。"❷ 这就意味着,性别歧视的消除必须依赖于"社会和文化行为模式"的改变;它可以通过直接改造不正义的社会性别意识,以及改造包含了不正义的性别意识的

---

❶ 刘梦、蔡锋主编:《性别与法律研究续编》,光明日报出版社,2019,第5页。
❷ 中国人大网:《消除对妇女一切形式歧视公约》,http://www.npc.gov.cn/wxzl/wxzl/2000-12/26/content_1211.htm,访问日期:2020年5月28日。

社会制度的方式予以实现。这就构成了我们对性别意识进行改造的两个主要方面。

二、"不平等"的法律正义

社会性别意识的改造无疑是困难的。这也是女性主义一直以来努力的方向。而这个问题困难的关键在于,社会意识不仅能够被"有意识"地改造,它更会因为受到其他社会因素的影响而"悄无声息"地发生变化,甚至拥有一定程度上的"独立意识"。

有学者利用舒茨的现象学理论对社会意识的行为逻辑作出了社会学上的分析。这种理论与我们之前论证过的能力法学语境下的"多元价值选择"与"理性自然主体"理论均不谋而合。在这种理论框架下,那些"被人们从传统的角度或者从习惯的角度当作理所当然的东西","并没有脱离于社会行动者具体日常实践活动的独立存在形式",但能够"具体化为实践活动中的模式性行动方案,进入个体及整个社会的知识库存,成为应对这种类型化实践的类型化手头知识、自然态度,并往往表现为惯例、惯习在个体和社会的身体层面沉淀下来"。[1] 社会传统文化中蕴含的性别意识自然也是这些社会意识中的一种。传统上不正义的性别意识自它形成的那刻起就已经具备了在一定程度上相对独立的"自主意识",并以性别文化的形式实际影响着人们在社会生活中的各种行为选择。

可即便困难重重,一个社会的性别意识也并非完全不可改造。而排在首要位置的一点,就是必须意识到性别意识是需要被改变的。换句话说,在性别平等的语境下,两性之间必定是"不平等"

---

[1] 郑丹丹:《社会意识的行动逻辑——性别不平等的现象学社会学解释框架》,《浙江学刊》2006年第5期,第198–199页。

的，否则性别平等将无法实现。❶ 这个看似逻辑自相矛盾的平等命题，事实上表达的是两个彼此相关的正义命题，即只有两性之间的"不平等"才是符合性别正义的；同时，只有这种性别正义才是符合性别平等价值的。这正是我们提出性别正义价值的出发点，也是落脚点——平等未必是正义的❷，但正义一定是平等的。

关于"平等未必正义"的问题，在本书开篇已经作出过论述。我们都知道，法学语境下的实质平等相对于形式平等的价值"优越"就是来自它对社会公平正义的考量。而在性别法律框架下，男女两性之间既彼此相同又相互各异的特殊属性决定了性别法律上的正义必然要同时满足形式平等与实质平等的双重价值标准。单一性的性别平等无法实现性别法律正义。至于"正义一定平等"，一方面，基于同样的形式平等与实质平等理论，任何性别法律问题在到达正义的"终点"之前必然都已经通过了平等价值的"考验"；另一方面，也是更为重要的一点，以"人的尊严"为价值导向的能力法学上的正义天然地包含了对平等价值的考量。

能力理论认为，世界各国都应当将培养和发展公民的个人能力作为一项积极的国家义务来履行，以此确保世界上的每一个人都有能力过上有尊严的生活。这样的国家社会才是符合最低限度正义标准的体面社会。这是能力理论下的社会正义。同时，能力理论也认可社会制度尤其是法律制度，在国家发展个人能力过程中的核心作用。法律应当保护，并为公民个人能力的发展提供相应的制度环境与社会条件。从原则上讲，法律应当保障每个公民

---

❶ 吴利娟：《中国社会男女平等吗——性别不平等的认知差异与建构》，《学术研究》2017 年第 1 期，第 64 页。
❷ Martha C. Nussbaum, "Rawls's Political Liberalism: A Reassessment", *Ratio Juris*, Vol. 24, (March 2011): 2.

个人能力的充足与适当。这种充足与适当以实现个人有尊严的生活为标准并因人而异。但在某些涉及"人的尊严"的基本能力上，这种充足与适当应当是人人平等的。因为"人的尊严"只有在平等的条件下才是正义的。但这需要依靠个人能力上的"不平等"来实现。这是能力理论下的法律正义。[1]

三、性别意识"主流化"

以"人的尊严"为导向的法律正义价值需要以个人能力之间的"不平等"作为必要前提。这也就是说，法律上的性别正义同时意味着男女两性在"人的尊严"上的平等与能力发展上的"不平等"。正如我们在前面提到的，一个社会的性别文化与人们行为模式的改变是一项极其困难又复杂的系统工程。除了需要对社会性别意识进行必要的改造，还需要对包含了不正义的性别意识的社会制度进行相应的调整。这个调整的过程可以通过性别意识的"主流化"来实现。

关于性别意识"主流化"（mainstreaming）的提法最早出现在1985年的联合国第三次世界妇女大会上，并于1995年在北京通过的第四次世界妇女大会《行动纲领》中被正式提出。[2] 而有关性别意识"主流化"的实践则最先出现在20世纪80年代末90年代初的欧洲。彼时的欧洲在经历了从"形式平等"到"实质平等"的反性别歧视政策调整之后，一些以保护女性为主的"实质平等"政策被质疑是针对男性的"积极歧视"（positive discrimination）

---

[1] Martha C. Nussbaum, "Rawls's Political Liberalism: A Reassessment", *Ratio Juris*, Vol. 24, (March 2011): 2-3.

[2] 刘伯红：《联合国促进性别平等的全球战略：社会性别主流化》，《中国妇运》2005年第8期，第23页。

或称"反向歧视"(reverse discrimination)。在此种背景下,欧盟各国开始尝试性别意识"主流化"。早期的"主流化"还只是停留在政策文本与决策理念上,并没有专门的机构积极推进,也没有相应的经费支持。直到 1996 年,欧洲议会将"主流化"定义为"寻求全面、系统地把性别视角融入所有政府主要机构和政策的制定和实施之中";"今天的欧盟性别主流化已不再局限于政策层面,而是已经充分地融合并在就业、经济和社会的融合中得到了直观的体现"。❶

多年来,中国一直致力于建立健全保障女性权益、促进女性发展的各类社会制度。2011 年,更是把"将社会性别意识纳入法律体系和公共政策,促进妇女全面发展"作为总目标,写入《中国妇女发展纲要(2011—2020 年)》。❷ 十年来,全国已经陆续有 21 个省、自治区、直辖市❸以及香港、澳门特别行政区和台湾地区先后建立起法规政策的性别评估机制。我国的性别意识"主流化"已经开始从"规范"走向"现实"。可国家层面上立法与决策中的性别评估机制尚处于缺位状态,这不可谓不遗憾。

但值得庆幸的是,全国各地近十年来的实践成果丰硕,在一些有关机制设立的基本问题上已经达成一定范围内的共识,为国家层面性别评估制度的建立积累了宝贵经验。具体来说,为了保

---

❶ 周伟、李薇薇、杨聪、何霞等:《禁止就业歧视的法律制度与中国的现实》,法律出版社,2008,第 108 页。
❷ 中国网:《中国妇女发展纲要(2011—2020 年)全文》,http://www.china.com.cn/policy/txt/2011-08/08/content_23160230.htm,访问时间:2020 年 6 月 1 日。
❸ 目前,国内已经建立省级法规政策性别评估机制的 21 个省级行政区,依据其建立时间的先后顺序依次是:江苏、浙江、北京、安徽、天津、山西、四川、湖北、福建、内蒙古、辽宁、广东、江西、宁夏、山东、吉林、湖南、黑龙江、甘肃、上海、海南。参见李勇:《立法性别平等评估的地方经验和国家构建的着力点》,《中华女子学院学报》2020 年第 2 期,第 23-24 页。

证性别评估机制的长期有效运行，我们首先需要设立一个专门性的常设机构，由它来负责相关的执行工作与日常事务。学界普遍认为，在中华全国妇女联合会下设专门的"性别评估委员会"是较为适当的做法。其次，在该委员会的人员组成上，除常任委员以外，专家委员应当依据具体评估事项的不同采取灵活选任的模式。由此，组建相应的"性别评估专家委员库"是相对经济合理的做法。但除此之外，在有关评估范围、评估标准以及具体的评估流程等问题上，各省市之间意见分歧较大，暂未能形成较为一致的普遍做法。

对此，有学者认为，国家层面性别评估机制的建立应当在总结国内已有的地方性经验的基础上，同时借鉴瑞典、比利时等欧盟国家曾经的成功做法。[1] 但也有学者主张，在国内经验已经相对充足的情况下，将现有的地方性做法进一步标准化之后形成更具有"中国特色"的评估制度似乎更具备可行性。[2] 可不论遵照"欧洲标准"还是"中国标准"，作为国家层面的性别评估制度都应当至少满足以下几点原则性的要求：首先，就评估范围来说，针对国家立法、政策规划、计划设定以及方案执行等重大决策，应当实现对决策及其实施全过程的性别评估。其次，在评估标准的确定上，应当尽可能地细化并具备相应的可操作性。同时，建议将涉及公民基本能力的性别指标设置为"红线"指标。一旦被评估事项触及此类"红线"则必须作出相应调整，且须在调整后重新启动评估。最后，在评估流程的安排上，应当确保评估启动程序

---

[1] 举例来说，此类观点参见郑玉敏：《推动中国法律的性别平等评估机制建立研究》，《山东女子学院学报》2016年第2期；以及李思然：《瑞典性别平等政策的改革》，《求是学刊》2018年第3期等。

[2] 举例来说，此类观点参见李勇：《立法性别平等评估的地方经验和国家构建的着力点》，《中华女子学院学报》2020年第2期等。

的简单便利，以适应在任何决策阶段或实施环节都能够在较短时间内快速启动评估的制度性需求。同时，建议赋予专家委员一定程度上独立的评估启动"建议权"等。

第二节 暴力伤害行为的受害人保护

性别意识的"主流化"是实现对性别不正义的社会制度改造的可行有效的途径与方式。但在当下社会，一些争议已久、矛盾集中的性别法律制度也到了不得不作出改变的时候。其中既包括对暴力伤害行为的受害人保护，也包含对歧视侵权行为的法律规制，以及对"母职"身份行为的社会保障。

一、家庭暴力的公权力介入

中华全国妇女联合会和国家统计局于 2011 年发布的调查数据显示，在被调查的已婚女性当中，有 24.7% 曾经遭受过配偶的侮辱谩骂、殴打、限制人身自由、经济控制、强迫性生活等不同形式的家庭暴力；其中，明确表示遭受过配偶殴打的比例为 5.5%。[1]近年来，社会新闻报道中频繁出现的"家暴"等字眼也表明，家庭暴力已经成为当下侵害女性婚姻生活与身心健康的主要伤害行为之一。

虽然家庭暴力现象在世界范围内都相对普遍，但各国对于这

---

[1] 中国网：《第三期中国妇女社会地位调查主要数据报告》，http://www.china.com.cn/zhibo/zhuanti/ch-xinwen/2011-10/21/content_23687810.htm，访问时间：2020 年 6 月 4 日。

一社会问题的治理却很难称得上是完善的。[1] 就中国而言，在1995年北京举办联合国第四次世界妇女大会之前，国内学界有关家庭暴力的理论研究尚处于空白阶段。此后，基于《北京行动纲领》对于这一议题的明确强调，家庭暴力的话题才逐渐进入国内学界的讨论范围，并在此基础上开始了一些地方性立法上的尝试。2001年，《中华人民共和国婚姻法》修正，"家庭暴力"的概念首次出现在我国的法律文本当中；同年，最高人民法院出台《关于适用〈中华人民共和国婚姻法〉若干问题的解释（一）》，首次从法律上明确了"家庭暴力"的定义。这一时期，学界对于家庭暴力话题涌现出极高的学术热情。这一波热情在2012年之后逐渐进入高潮——国家层面开始着手筹备"反家庭暴力"的专门性立法。2015年，《中华人民共和国反家庭暴力法》（以下简称《反家庭暴力法》）问世。由此开始，学界对于家庭暴力话题的讨论也逐渐从立法的适当性转向了立法的实施与完善。

家庭暴力现象之所以在世界范围内都无法得到妥善治理，很大一部分原因是"家庭暴力是私人问题，公权力不宜介入"的思想作祟。即便是在运用法律反家庭暴力方面"觉醒"较早的美国，也是到19世纪末20世纪初才开始在废除传统法律的基础上，逐渐放开对公权力介入家庭暴力的限制。从总体上说，国家介入主义自20世纪中后期开始深刻影响家庭法理论，现代社会家庭法开始试图平衡"家庭自治"与公权力适当干预之间的矛盾：一方面主张扩张"个人自治"的概念内涵，另一方面加大对家庭中相对弱势一方的保护力度。[2]

---

[1] 李银河：《两性关系》，华东师范大学出版社，2005，第215–219页。
[2] 刘昱辉：《公权力介入家庭暴力的法理思考》，中共中央党校博士学位论文，2016，第9–42页。

但在这一问题上,我国的法律实践显然没能跟上理论发展的脚步。"清官难断家务事""宁拆十座庙,不毁一桩婚",以及涉及情感纠纷的家庭矛盾宜以协商调解与修复关系为主等,仍然是当下中国司法机关处理婚姻家庭矛盾时的主流观点与现实做法。即便在《反家庭暴力法》实施多年后的今天,这样的情况也未能得到改变。究其原因,这恐怕只有不正义的性别意识能够解释。我们前面曾经提到,在古代中国,法律明文规定丈夫拥有惩罚妻子的权力;丈夫因为过失杀死妻子甚至不构成犯罪;丈夫殴打妻子至折伤以上的才会被问罪;而妻子无论在何种情况下都不可以自卫反抗,即便情势危急也不可以。更不用说中国传统社会要求女性"三从四德""以夫为纲"的伦理思想对丈夫殴打、伤害妻子行为的宽容与放纵。这些传统上不正义的性别意识直至今天也未能完全消除。

假如我们能够以"人的尊严"作为法律上正义的价值导向,那么公权力介入家庭暴力、保护家庭中相对弱势的一方就不再存在任何理论与实践上的障碍。[1] 从暴力行为本身来讲,它的伤害性质并不会因为行为人与受害人之间是否存在婚姻家庭关系而发生改变。对于受害人而言,不论他们因为家庭暴力行为,还是一般的普通暴力行为受到伤害,他们作为"人的尊严"都是一样的。因而,从惩治犯罪的角度来看,家庭暴力行为与一般暴力行为在主观恶性与出入罪标准上都不应该存在明显的差别。另外,从受害人救济的角度出发,家庭暴力行为其实比一般暴力行为具备更为严重的社会恶性。依据《反家庭暴力法》中对"家庭暴力"的定义,我国法律上所称的家庭暴力指的是发生在家庭成员,以及

---

[1] Martha C. Nussbaum, "Rawls's Political Liberalism: A Reassessment", *Ratio Juris*, Vol. 24, (March 2011): 4-5.

家庭成员以外的共同生活的人之间的暴力行为。❶ 由于这种伤害行为通常发生在关系较一般暴力行为更为亲密的人之间,因此它对于受害人的身心伤害更大,受害人获得救助的难度也更高。为了弥补家庭暴力受害人这种能力上的缺陷,反家庭暴力法应当给予受害人以更多制度上的倾斜,如此才能实现对家庭暴力受害人"充足适当"的保护。这也是反家庭暴力实践中,往往比一般暴力事件更倾向于保护受害人的原因所在。

二、性暴力的受害人保护

事实上,《反家庭暴力法》实施数年以来,我国的反家庭暴力法律实践不仅没能如同期望一般"充足适当"地保护受害人,反而在许多时候不可抑制地呈现出向施暴人倾斜的现象。在这之中,性暴力行为在反家庭暴力法律制度中的艰难处境就是最好的例证之一。

在我国现行的法律框架下,《反家庭暴力法》是一部综合性的法律规范。❷ 这就意味着,在行为人实施家庭暴力行为时,仅仅依靠《反家庭暴力法》是无法追究行为人的全部责任的。"加害人实施家庭暴力,构成违反治安管理行为的,依法给予治安管理处罚;构成犯罪的,依法追究刑事责任。"❸ 换句话说,我国刑法上并没有单独的"家庭暴力罪";当行为人实施了家庭暴力行为时,只

---

❶ 《反家庭暴力法》第二条规定:"本法所称家庭暴力,是指家庭成员之间以殴打、捆绑、残害、限制人身自由以及经常性谩骂、恐吓等方式实施的身体、精神等侵害行为。"第三十七条规定:"家庭成员以外共同生活的人之间实施的暴力行为,参照本法规定执行。"

❷ 刘梦、蔡锋主编:《性别与法律研究续编》,光明日报出版社,2019,第352-353页。

❸ 《反家庭暴力法》第三十三条。

能依据施暴人的具体行为性质，参照现有的"故意杀人""故意伤害""非法拘禁""虐待""遗弃"等罪名分别定罪量刑。在这之中，与性暴力行为相对应的自然就是强奸、强制猥亵等性犯罪。

从本质上讲，这种做法并无不妥。虽然《反家庭暴力法》第二条列举的各类暴力行为当中并未明确提及性暴力，但学界普遍认为"以殴打、捆绑、残害、限制人身自由以及经常性谩骂、恐吓等方式实施的身体、精神等侵害行为"❶已经在实际上涵盖了性暴力的行为特征。同时，2015年公布的《关于依法办理家庭暴力犯罪案件的意见》也明确规定，"家庭暴力犯罪"包括"强奸、猥亵儿童"等性犯罪。❷可事实上，这才是导致问题的关键。这里必须要强调的是，在我国的刑事法律实践中，通常是不认可"婚内强奸"成立的合法性的。这就意味着，作为家庭暴力之一的性暴力因其受害人身份的不同，行为人有可能面临着截然不同的违法后果。如果受害人是家庭成员中除"妻子"以外的其他人，或者是家庭成员以外共同生活的人，那么施暴人均有可能成立刑法上的性犯罪。但当性暴力的受害人是家庭成员中的"妻子"时，作为施暴人的丈夫是不构成犯罪的。❸这样精准"筛选"受害人的做

---

❶ 《反家庭暴力法》第二条。
❷ 《关于依法办理家庭暴力犯罪案件的意见》第十六条规定："对故意杀人、故意伤害、强奸、猥亵儿童、非法拘禁、侮辱、暴力干涉婚姻自由、虐待、遗弃等侵害公民人身权利的家庭暴力犯罪，应当根据犯罪的事实、犯罪的性质、情节和对社会的危害程度，严格依照刑法的有关规定判处。对于同一行为同时触犯多个罪名的，依照处罚较重的规定定罪处罚。"
❸ 与此种情形类似的，还有家庭暴力中的虐待行为。依我国现行刑法的规定，只有虐待"家庭成员"才成立刑法上的虐待罪。而家庭成员以外的共同生活的人之间的虐待行为，只是违反《反家庭暴力法》的家庭暴力行为，而不成立刑法上的虐待犯罪。

法，显然已经违背了"保护家庭成员的合法权益"❶的"反家庭暴力"立法本意。

其实不难看出，家庭暴力中性暴力行为的艰难处境在本质上是另外一个刑法学"经典问题"——婚内能否成立强奸——在反家庭暴力法上的延伸。这一问题也是女性主义法学必然会谈及的议题之一。前面已经提到，在我国的刑事法律实践中，通常是不认可"婚内强奸"成立的合法性的。最普遍的理由是认为"婚内无奸"。"所谓'奸'，是指奸淫"，"也即指非婚姻关系内的不正当男女之间的性关系"，❷"这也正是'奸'字在刑法中的含义"，"作为婚外性关系的特称"。❸ 从这个意义上来讲，在婚姻关系存续期间确实不存在成立"强奸"的可能。但我们也必须清醒地认识到，世界各国之所以均将强奸行为作为严重的刑事犯罪加以严惩，主要目的是保护公民的人身权利不受侵犯。换句话说，保护婚姻关系当事人的"性专属"权利并不是刑法上强奸罪的应有之义。正是出于这个原因，学界建议将"强奸罪"更名为"强迫性交罪"的呼声日渐高涨。

假如"强奸罪"能够更名为"强迫性交罪"，那么之前提到的"婚内无奸"的理由也将不再成立，婚姻关系存续期间的强迫性交行为成立刑法上的性犯罪也将不再存在学理上的障碍。性暴力行为在反家庭暴力法上无法周延受害人的问题也将迎刃而解。可这一看似简单的"更名"问题背后却至少隐含着以下有

---

❶ 《反家庭暴力法》第一条规定："为了预防和制止家庭暴力，保护家庭成员的合法权益，维护平等、和睦、文明的家庭关系，促进家庭和谐、社会稳定，制定本法。"

❷ 刘宪权：《婚内定"强奸"不妥》，《法学》2000 年第 3 期，第 58 页。

❸ 陈兴良：《婚内强奸犯罪化：能与不能——一种法解释学的分析》，《法学》2006 年第 2 期，第 56 页。

关性暴力犯罪的核心问题：性暴力犯罪侵害的客体是什么；其犯罪对象是否存在性别上的限制；应该如何定义"强迫"与"性交"行为。

三、"强迫性交罪"的若干问题

有关犯罪客体的问题，可以说是刑法学上讨论许多刑事犯罪问题的起点。性暴力犯罪自然也不例外。但关于我国现行刑法上的强奸罪侵犯的客体究竟是什么，国内学界尚未达成统一的共识。比较常见的说法是认为强奸罪侵犯了"女性的性自主权"[1]。显然，这种"偏袒"某一性别的观点是不符合性别正义的法律价值要求的。而以"人的尊严"为导向的正义价值认为，任何人的"性权利"都应当受到法律上的保护。这就引出了另外一个有关性暴力犯罪的核心问题：犯罪对象是否存在性别上的限制。答案应当是否定的。

可现实的情况却是，依据我国现行刑法的规定，"强奸"男性是不能构成强奸罪的，至多可能成立刑法上的强制猥亵罪，或是故意伤害罪、非法拘禁罪等相关罪名。这显然不利于对男性的保护。而导致这一问题的原因，又回到了刑法中对于"奸"字的理解上，即应该如何定义"性交"行为。通说认为，现行刑法上的强奸罪采用的是狭义上的"性交"定义，即指男性将性器官插入或者进入女性性器官之中的行为。但随着现代社会思想文化与科学技术的进步，"性交"的行为方式早已经不再拘泥于此。世界各国刑法也均在逐渐扩大各自对于"性交"行为的解释。比如，美国《模范刑法典》认为，"'性交'包括经口腔、肛门进行的性交，

---

[1] 张珣：《论公民性权利的刑法保护》，华东政法大学硕士学位论文，2016，第20页。

只要轻微的插入即可认定"[1]。英国 2003 年《性犯罪法》也将"性交"定义为行为人将阴茎插入他人阴道、肛门或口腔的行为。[2] 而澳大利亚《刑法典》则走得更远，它采用了最广义上的"性交"定义：包括"（a）将某人身体的任何部分或由某人操纵的任何物体插入（任何程度地）他人的生殖器或肛门；或（b）将某人的阴茎插入（任何程度地）他人的口中；或（c）（a）项和（b）项所定义的性插入行为的继续"[3]。

此处，让我们回到最初的问题：由于我国现行刑法上的强奸罪采用了狭义上的"性交"概念，因而不利于对男性的保护。由此，我们对于"性交"概念的扩张只要能够达到保护男性的目的便足矣，而不宜走得太远。于是，我们建议，"强迫性交罪"中的"性交"应当选择折中主义的定义，即指行为人将阴茎插入女性阴道，或插入他人肛门的行为。而行为人将阴茎插入他人口腔，或是将身体除性器官以外的部分或者其他物体插入他人性器官或肛门的行为，则应以强制猥亵罪中的"猥亵"行为予以定性。

于是，我们还剩下一个问题，即应当如何定义"强迫性交罪"中的"强迫"。学界主流观点认为，强奸罪中的"强迫"表现为"以暴力、胁迫或者其他手段"[4]违背妇女意志的情形。然而，问题的关键就在于"违背妇女意志"应当如何认定。言及于此，便又引申出刑法学上另外一个"经典问题"——"幼女"是否具有"性同意"的权利。2015 年，《中华人民共和国刑法修正案（九）》

---

[1] 刘仁文、王祎等译：《美国模范刑法典及其评注》，法律出版社，2005，第 140 页。
[2] 杜江：《中英刑法上强奸罪之比较》，《现代法学》2007 年第 3 期，第 160 页。
[3] 张旭、李海滢、李蟇通、蔡一军译：《澳大利亚联邦刑法典》，北京大学出版社，2006，第 135 页。
[4] 《刑法》第二百三十六条第一款。

表决通过，这意味着原刑法上的"嫖宿幼女罪"正式被取消。换句话说，现行刑法上所称的"幼女"不再因为"妓女"的身份而被区别对待，她们均被认为是不具有"性同意"权利的保护对象。这也就是说，刑法上对于"幼女"年龄的设定，直接决定了女性拥有的在性行为上表达"同意"权利的年龄起点。

依据现行刑法规定，"幼女"指的是"不满十四周岁"的女性。奸淫幼女的，"以强奸论，从重处罚"。❶ 然而，在刑事法律实践当中对于"幼女"的认定还需要以行为人的"明知"作为前提。❷ 虽然此规定一经推出就引起了巨大争议，但十多年的时间过去后，这一规定至今依然存在。这里所谓的"明知"前提，无疑是给"幼女"概念画下的一道模糊不清的"分界线"。那些因为身体发育或是穿着打扮看起来更为"成熟"的幼年女性，因为不被"明知"而被排除在了刑法对于"幼女"的保护之外。然而，"嫖宿幼女罪"的取消也给我们带来了些许信心：刑事法律实践正在逐步向学界主流意见靠拢。或许我们能够在不久的将来看到，刑法对于"幼女"的严格特殊保护——即将受害人的实际年龄作为认定"幼女"的唯一标准。

事实上，从另一个角度讲，只有以"客观唯一"标准认定"幼女"才能实现性暴力犯罪在我国刑法理论上的逻辑自洽。我们在前面提到，强奸罪上的"强迫"指的是违背妇女的意志。那么相应地，"强迫性交罪"上的"强迫"就是指违背他人意志的情形。与不满十四周岁的"幼女"对应的，就是现行刑法上已有的不满十四周岁的"儿童"的概念。在目前的刑事法律实践当中，

---

❶《刑法》第二百三十六条第二款。
❷ 最高人民法院 2003 年《关于行为人不明知是不满十四周岁的幼女、双方自愿发生性关系是否构成强奸罪问题的批复》。

奸淫不满十四周岁的儿童，若为"女童"，则视情况以强奸罪从重处罚或不认为是犯罪；若为"男童"，则以猥亵儿童罪论处。这就意味着刑法对于奸淫"男童"与"女童"的情形予以区别对待，并且认为"男童"在认定上不需要以"明知"为前提。显然，这在逻辑上很难自圆其说。如果代之以"强迫性交罪"的概念逻辑，奸淫"男童"或"女童"均可统一按照"强迫性交罪"从重处罚。而这一逻辑的前提就是对于"幼女"的认定应当与"男童"一样不以"明知"为前提。

相比于强奸罪，"强迫性交罪"的概念逻辑不仅更有利于保护"女童"与"男童"，也更有利于对男性整体的保护。同时，这一做法也解决了性暴力行为在现行反家庭暴力法上无法周延受害人的问题。然而更为重要的是，如此才能实现法律对于所有人的"平等"保护，才符合以"人的尊严"为导向的法律正义。

第三节　歧视侵权行为的法律规制

事实上，学界普遍认为，现行反家庭暴力法中对于"家庭暴力"的定义是有欠缺的。这不单单是因为它没能具体明确性暴力是家庭暴力的行为方式之一，更主要的是它完全没有提及以经济控制的方式实施暴力的行为。

经济控制，可以说是各种家庭暴力行为当中最不应当被忽视的一种。我们在前面曾经提到，就中国历史社会的发展进程来看，女性相对于男性的劣势地位最先出现在社会劳动与经济生产领域，并在此基础上进一步导致了女性在家庭生活中的地位下降与人格依附。此外，马克思主义的女性解放思想也认为，女性所遭受的压迫首先来自社会经济剥削。由此，我们不难得出这样的结论：女性经济地位的独立与提升是女性获得全面发展的重要前提。

一、就业机会与劳动所得

社会主义的女性主义法学者普遍认为，"压迫"是不正义的一种典型形式。而以"女性"为对象的压迫通常都是结构性的，这种"结构性的压迫涉及群体之间的关系"，"甚至不总是表现为一个群体有意识地对另一个群体行使压迫"。❶ 而"作为弱势群体的女性必须适应占社会主导地位观点"，这"使女性长期甚至永久地处于被动地接受压迫的一方，而不是主动挑战或反抗压迫的一方"。❷ 由此，我们首先需要的是正视并承认这种"压迫"的存在。总的来说，这些"压迫"主要来自以下四个方面：就业机会、生产与劳动资源占有、劳动所得以及权利保障与劳动环境等。❸

目前，我国有关就业机会的具体规定主要散见于《中华人民共和国妇女权益保障法》、《中华人民共和国劳动法》、《中华人民共和国就业促进法》以及其他相关的法律规定当中。单从名字就不难看出，这些法律在其"专门性"上与日本《男女雇佣机会平等法》相比要稍差一些。当然，名字也好，立法模式也罢，都不应该成为影响女性就业机会保护的实质性因素。而当下中国女性就业机会保护上的最大问题在于相关规定过于笼统、粗糙、不具备实际的可操作性，甚至没能明确对于实施就业歧视的个人、组织、企业、机构的处罚与惩戒。在这些方面，日本法律中的反歧

---

❶ 郭夏娟：《为正义而辩——女性主义与罗尔斯》，人民出版社，2004，第265页。
❷ 韩阳：《女性主义视角下中国职业性别不平等原因分析》，《边疆经济与文化》2007年第2期，第71页。
❸ 唐建华：《社会转型中女性的经济平等问题》，《中国人力资源开发》2006年第12期，第98-100页。

视"软"规则或许值得我们参考。

日本《男女雇佣机会平等法》制定于1985年,先后经过1997年和2006年两次修订,并于2013年修订《男女雇佣机会平等法实施细则》,进一步拓宽了禁止就业歧视的范围。[1] 依据该法的规定,就业中基于性别的直接歧视与间接歧视均构成就业歧视。在直接歧视方面,其明确禁止歧视的范围包括就业招募、录用、工作分配、晋升、降级、变更职种、变更雇佣形态、职业培训、福利待遇、退休年龄、退职、解雇、劝说自动辞职以及劳动合同的续签等。在间接歧视方面,其规定"在所有职位的招募、录用、晋升和职位种类变更中,如果没有合理的理由(如真正的工作需要或者企业管理的必需)而将服从工作调动作为条件的情形则可能构成间接歧视"[2]。而对于在以上方面受到就业歧视或与雇主发生纠纷的雇员,可以申请劳动部门介入调解;对于被确认存在歧视违法的,将公布违法的雇主名称以作惩戒;对于未按照要求进行如实报告的,还将施加雇主过失罚款等。"这部妥协与渐进的'软法'被以行政指导为主的实施机制有效地执行。""与欧美国家相比较,日本可以说是较为保守甚至落后"的;但"与其制定一部在实践中难以施行的'先进的法律',而损害法律的权威性和社会的信任机制,还不如选择一条逐步前进的道路,这是日本立法者的选择",也"值得我国借鉴"。[3]

在有关劳动所得方面,我国目前的立法状况以及存在的缺陷

---

[1] 周伟、李薇薇、杨聪、何霞等:《禁止就业歧视的法律制度与中国的现实》,法律出版社,2008,第49-56页。

[2] 何霞:《妥协与渐进之道:日本反性别歧视立法研究》,《反歧视评论(第二辑)》2015年,第108页。

[3] 周伟、李薇薇、杨聪、何霞等:《禁止就业歧视的法律制度与中国的现实》,法律出版社,2008,第56-57页。

等都与前述就业机会保护的情形基本相似。在法律规定上，我们不乏禁止性别歧视，不得依据劳动者的性别区别发放劳动报酬的原则性规定，但在如何实现"同工同酬"，以及具体标准如何确定等问题上却始终含糊其词。关于这一点，欧洲联盟已有的规则与执行办法值得我们关注。

欧盟有关男女同工同酬的规定大都散见于各项共同体条约以及欧盟指令❶当中。依据欧盟法上的规定，"报酬"指的是劳动者从雇主一方直接或间接得到的通常意义上的基本工资或是最低薪水以及其相应的对价。报酬可以是现金的形式，也可以是实物的形式；可以立即支付，也可以将来支付；甚至可以是提供的某种优惠或者便利。而"同工"的认定标准则以"在同一时间从事同样的工作"为原则。所谓"同样的工作"，一方面可以基于工作的性质、内容和工作环境来判断；另一方面也可以通过工作给雇主一方带来的实际价值来判断。在这之中，"同等价值"工作的认定，主要被用来解决实际中女性从事与男性不同工作时其工作价值被低估的问题。而工作价值的具体认定，可以依据行业内通行的或是国家统一规定的"工作分等"或者"劳动强度分级"标准来进行。与此同时，欧盟法也强调，在同工同酬之外应当允许部分"例外规则"的存在。这些例外规则主要指的是雇主可以采取适当的保护措施给予怀孕或是已育女性某些特殊优待，以及采取相应的积极措施保障女性劳动者的实质平等待遇。除此之外，如

---

❶ 通常来说，欧盟共同体条约指的是以《罗马条约》（1958 年）为基础，经过《布鲁塞尔条约》（1967 年）、《单一欧洲法案》（1987 年）、《马斯特里赫特条约》（1993 年）、《阿姆斯特丹条约》（1999 年）、《尼斯条约》（2002 年）等多次补充和修改之后形成的法律规范的总称。而欧盟指令，依据《罗马条约》第 189 条第 3 款的规定，是指以特定会员国为对象，要求成员国在特定时间内必须完成的义务。其只为成员国设定立法目标而不约束成员国所采取的途径和手段。

果雇主一方确需采取某些与性别有关的差别待遇,则必须证明这是基于真正的且决定性的工作需要,同时这种差别待遇还应当是适度与暂时的。❶

二、权利保障与劳动环境

《中华人民共和国民法典》(以下简称《民法典》)的表决通过标志着中国已经进入民法典时代。此次立法从前期筹备到草案修订再到最终审议通过,全程引发全民广泛关注。在这之中,作为其"亮点"之一,也是公众参与话题讨论颇多的条款之一是有关"性骚扰"的规定。"性骚扰"最早于 20 世纪 70 年代前后在美国女性主义运动中被提及。❷ 关于"性骚扰"的具体定义,世界各国均有不同解释。而"性骚扰"首次出现在我国法律文本当中,是 2005 年修正的《妇女权益保障法》。可令人遗憾的是直至民法典问世,我国都没能明确法律上"性骚扰"的含义。

2019 年,国际劳工组织百年大会在《关于消除劳动世界的暴力和骚扰的公约》中给出了关于"性骚扰"的一般性概念:劳动世界的暴力和骚扰是"指一系列旨在造成、导致或可能导致生理、心理、性伤害或经济伤害的不可接受的行为和做法或它们带来的威胁,无论是其只发生一次,还是反复发生,并包括基于社会性别的暴力和骚扰"❸。这从广义上明确了"性骚扰"可能带来的伤害与后果。反观我国《民法典》中有关"性骚扰"的规定,则更

---

❶ 周伟、李薇薇、杨聪、何霞等:《禁止就业歧视的法律制度与中国的现实》,法律出版社,2008,第 119 - 138 页。
❷ 李银河:《李银河:我的社会观察》,中华工商联合出版社、北京时代华文书局,2014,第 197 页。
❸ 佟新:《性别气质与反骚扰》,《中华女子学院学报》2020 年第 1 期,第 18 - 19 页。

侧重于对"性骚扰"行为方式的认定与责任追究，是更有利于法律适用的"实用性"立法。❶

综观世界各国，有关"性骚扰"的立法模式主要有两种：一种是以美国为代表的"职场保护主义"，即将"性骚扰"看作职场与校园歧视行为的一种，强调学校与雇主一方在防治"性骚扰"中的权责；另一种则是以欧洲各国为代表的"权利保护主义"，即将"性骚扰"看作针对公民人格权的民事侵权行为，强调骚扰行为是"违背他人意愿""不受欢迎、不被接受"的。由此不难看出，我国《民法典》所采用的是兼顾"职场保护"与"权利保护"的混合立法模式。

两者兼顾的模式固然有其优势。但这种优势是否能够周延法律上对于"性骚扰"行为的规制，似乎还需要进一步的法律实践来证实。假如稍微关注一下有关"性骚扰"的司法案例就能够很轻易地发现，在当下"性骚扰"行为的责任追究与受害人保护之中，最大的困难来自主要由受害人一方承担的举证责任。而这一问题的解决，似乎和民法典采用何种立法模式的关系并不是太大。

在民法典出台之前，法律实践中有关"性骚扰"的民事纠纷大都是因为"性骚扰"而遭到用人单位解雇的劳动纠纷。"性骚扰"的受害人本人，因为人格权利受到侵害而提起诉讼的情形少之又少。这在很大程度上是因为民法典以前的人格权规范模糊不清，从而导致受害人在将"性骚扰"行为以人格侵权为由起诉至法院时大多会因"案由不合法"而被驳回起诉甚至不予立案。这

---

❶ 《民法典》第一千零一十条规定："违背他人意愿，以言语、文字、图像、肢体行为等方式对他人实施性骚扰的，受害人有权依法请求行为人承担民事责任。机关、企业、学校等单位应当采取合理的预防、受理投诉、调查处置等措施，防止和制止利用职权、从属关系等实施性骚扰。"

一问题在 2018 年❶之后稍有改善但并未得到彻底解决。❷ 随着民法典的问世，这一问题或许能够得到实际解决。可在已有的"性骚扰"案例中，胜诉方多为"性骚扰"行为人一方的情况是否会因为民法典的问世而得到改善，尚不宜过早下定论。

有学者对近年来因用人单位解雇"性骚扰"行为人引发的劳动纠纷案件进行统计分析后发现，败诉的绝大多数是用人单位一方；且败诉理由也基本都是认为有关"性骚扰"行为的定性证据不足。这种"证据不足"的依据，要么是当事人未作报警处理，要么是当事人报警后，公安机关作出不构成违法、以民事纠纷处理的结论。❸ 从表面上看，这似乎并不存在不合理的地方。可实际上，这是混淆了民事侵权与行政违法以及刑事犯罪之间的证据标准。

我们姑且不论用人单位以民事侵权为由解雇行为人的做法是否应该得到支持，因为这主要涉及对其他问题的讨论。单从"性骚扰"受害人的角度看，公安机关作出的不构成违法的结论是对"性骚扰"行为在行政法与刑法证据标准上的评价。那么，这能否直接等同于民法上侵权行为的"证据不足"是值得商榷的。假如我们认同这一点，就相当于认同了这样一个事实：当行为人不构成行政法与刑法上的违法犯罪时就一定不会成立民法上的侵权。这未免显得有些荒谬。同时，这种观点也违背了民法典在"性骚扰"问题上的立法本意。我们在前面提到，依据《民法典》第一

---

❶ 最高人民法院发布《关于增加民事案件案由的通知》，明确有关"性骚扰"民事案件的诉讼案由。

❷ 齐云：《〈人格权编〉应增设性自主权》，《暨南学报（哲学社会科学版）》2020年第 1 期，第 117 - 118 页。

❸ 潘丽丽：《用人单位辞退性骚扰者被索赔的困境与出路》，《中华女子学院学报》2020 年第 1 期，第 40 - 43 页。

千零一十条的规定，我国对于"性骚扰"的法律规制采取的是兼顾"职场保护"与"权利保护"的混合立法模式。这也就是说，我国法律认为"性骚扰"行为是侵害公民人格权的民事侵权行为之一。之所以作出这样的规定，就是为了从民法上保护"性骚扰"受害人并为其打通寻求民事救济的途径。因此，相比于明确立法模式，降低民法上认定"性骚扰"侵权行为的证据标准，似乎显得更为迫切。

三、生产与劳动资源占有

我们在前面曾经提到，我国社会的性别歧视现象是具备一定程度的城乡差异的。这一点主要表现在女性对于生产资料的占有方面。当下中国农村女性在土地分配、土地承包等方面未受到公正对待的情况仍然是普遍的。在我国农村地区，依据"居于主导地位的嫁娶型婚姻"习俗，"妇女结婚后会迁入另一个村子中，便失去了对在原有村中的土地使用权，同时在新的村子中的很长一段时间内也没有对土地的使用权利"；因此，"一般会优先考虑把那些地理位置好、肥沃和水源充足的土地分配给男性，而把零散、贫瘠的质量差的土地分给女性，并且分给男性的土地往往会多于女性"。❶ 与中国传统社会女子不占有土地的情形相比，当代女性在生产资料占有上的劣势确实有了一些改善。但这仍是远远不够的。《中华人民共和国农村土地承包法》中规定的"平等"❷ 显然并未在法律实践中产生实际的效果。

---

❶ 贡巧丽、郝丽琴：《我国农村地区社会性别不平等问题研究》，《河北科技大学学报（社会科学版）》2016 年第 4 期，第 21 页。
❷ 《中华人民共和国农村土地承包法》第六条规定："农村土地承包，妇女与男子享有平等的权利。承包中应当保护妇女的合法权益，任何组织和个人不得剥夺、侵害妇女应当享有的土地承包经营权。"

传统上女性无法占有土地，在很大程度上是由古代社会生产力低下、劳动技术落后导致的。彼时的农业生产大量依靠体力，女性因为在体格与力量上与男性相比处于相对弱势，大量占有土地并不利于农业生产与社会发展，这姑且算是事出有因。可随着生产工具、劳动技术和现代农业的不断进步，农业生产也不再单纯依靠体力，反而越来越依靠脑力与科学手段。这就意味着女性在农业生产上与男性相比不再处于弱势；相应地，女性在生产资料占有上的劣势也理应被改变。讨论至此，另一个与这一问题息息相关的话题已经呼之欲出：如何在教育资源的分配上实现女性发展的公平正义。而有关这一话题的讨论也将不再只局限于农村地区。

诚然，对女性教育资源的保障，势必有利于女性在生产技术与劳动能力方面的提升，从而帮助女性获取更多、更好的就业机会与劳动所得以及更加友好的劳动环境。因此，从这个意义上说，将教育资源作为生产、劳动资源的一部分来讨论并无不妥。但这里需要强调的是，教育资源的分配问题绝对不仅仅是生产劳动领域的问题，它更是一个涉及国家政治、经济、文化，甚至与主流价值、意识形态等均紧密相关的综合性社会问题。

关于这一点，学界的意见相对统一。多数学者认为，中国的教育制度已经度过了最初需要"权利平等"的阶段，到了需要以不同标准给予每个人"差异"性的、"补偿"性的"适当的教育"的阶段。[1] 这也符合能力进路要求根据每个人的不同需要，培养和发展个人"充足适当"的能力的原则。"中国普及教育的历程已经说明，在差异性极大的现实中，仅靠同等对待的平均推进策

---

[1] 马凤岐：《受教育机会平等：不同的标准》，《教育学报》2006年第5期，第71－75页。

略、企图通过社会发展自然地缩小和弥补差距的设想是不真实的，必须依靠政府对弱势地区、弱势人群补偿性的倾斜政策"，"才能有效地促进普及教育，增进教育公平"。❶

正因为教育资源是一个牵一发而动全身的"大问题"，因此重新明确教育问题上的法律正义才显得更为重要。同样地，与之前所提及的其他性别法律问题类似，教育公平的实现以及女性经济地位的提升依靠的也绝不仅仅是法律。这还有赖于社会性别意识的改变；有赖于大众传播媒体的引导；有赖于性别文化教育的普及；也有赖于福利保障制度的完善。

第四节 "母职"身份行为的社会保障

一旦提及社会福利保障制度，它的复杂程度绝不会比教育公平或是女性经济地位的提升来得更弱。甚至于在有关社会福利与社会保障的概念问题上，学界至今也未能达成统一的共识。但至少我们能够认同，社会福利"是为增进与完善社会成员尤其是困难者的社会生活而实施的一种社会制度，旨在通过提供资金和服务，保证社会成员一定的生活水平，并尽可能提高他们的生活质量"❷。同时，这种狭义上的社会福利又构成社会保障制度的一个方面。❸ 可事实上，一些出于保障女性发展的社会福利却在实际上

---

❶ 杨东平：《从权利平等到机会均等——新中国教育公平的轨迹》，《北京大学教育评论》2006年第2期，第10页。

❷ 彭华民：《中国组合式普惠型社会福利制度的构建》，《学术月刊》2011年第10期，第17页。

❸ 黄丹、倪锡钦：《社会性别视角下的中国女性福利政策：反思与前瞻》，《社会建设》2018年第1期，第76页。

造成对女性个体或者群体的"惩罚"。

一、"母职"的身份"惩罚"

"母职"（motherhood）是指女性作为"母亲所做的怀孕、生育和养育等事，也包含了与之相关的意识形态，即社会、文化对女性角色和地位的定义，以及对于以女性为主力的照顾工作所赋予的评价。"[1] 之所以说"母职"身份是对于女性的一种"惩罚"，在极大程度上就是缘于现有的社会保障制度将原本应当由全社会共同承担的人口再生产成本"转嫁"到了女性个体或是群体的身上。

我们知道，在我国目前的社会保障制度当中，对于女性的特殊保护主要集中在生育保障方面，具体表现为生育保险、生育津贴、产假、哺乳假以及对于"四期"[2] 女性员工的特殊保障等。这些制度的设立初衷当然是保护女性，这一点毋庸置疑。毕竟，由于生理以及生物性上的差异，女性在人类繁衍与人口生育方面确实无可避免地需要承受比男性更多的身体负担。所以，从这个角度来说，给予女性一些基于"母职"身份行为的特殊优待是合理的，也是正当的。可正是这些原本应当成为女性被社会优待理由的"母职"身份行为，却在实际上给女性带来了"母职惩罚"（motherhood penalty）[3] 的社会效应。

近年来，有关这方面的理论研究逐渐增多。有学者分析了生育行为对于我国女性工资率的影响："生育对女性的工资率存在显

---

[1] 金一虹、杨笛：《教育"拼妈"："家长主义"的盛行与母职再造》，《南京社会科学》2015 年第 2 期，第 64 页。

[2] "四期"指的是女性的经期、孕期、产期和哺乳期。

[3] 亦有学者将其译为"生育惩罚"或"生育代价"。

著地负面影响","相比没有生育的女性,生育一个子女会造成女性工资率下降 7%,生育两个子女会造成女性工资率下降 16.8%";如果考虑到女性不同的教育程度和职业背景,"每生育一个子女会使得大学教育程度的女性其工资率降低 38.7%"。❶ 在此基础上,又有学者将研究的时间跨度进一步扩大到 1989—2015 年后发现,"生育对母亲的收入始终表现为一种惩罚效应,并且惩罚效应的强度随时间的推移而不断增大"。"具体而言,在 1989 年,每多生一个孩子会导致女性工资率降低 9.41%;到了 2015 年,每多生一个孩子则会导致女性工资率降低 17.47%,降低的幅度大约是 1989 年的两倍";而对于教育程度较高的女性来说,这种惩罚效应成倍增加的情形更为显著:"1989—2015 年,大学及以上学历的女性的母职惩罚系数扩大了 5.67 倍。"但在此期间始终保持不变的是"生育 2 个孩子的母亲的惩罚效应大约是生育 1 个孩子的母亲的两倍"❷。

与此同时,还有学者对 2010—2016 年的中国家庭追踪调查数据(CFPS)进行统计分析后发现,"男性在生育后的工资会明显高于生育前的工资水平"。"在不考虑就业单位的情况下,生育会使女性收入下降 3584 元","而对于男性而言,生育并不会降低个体年收入,反而会有所增加"。同时,"生育会显著降低女性的劳动参与率,下降幅度约为 13.7%,但是对男性的劳动参与率情况并没有影响","男性处于有子无工作状态的比例要远远低于女性"。❸

---

❶ 於嘉、谢宇:《生育对我国女性工资率的影响》,《人口研究》2014 年第 1 期,第 18-29 页。
❷ 申超:《扩大的不平等:母职惩罚的演变(1989—2015)》,《社会》2020 年第 6 期,第 186-218 页。
❸ 莫思佳:《生育的性别收入差距效应及其影响机制研究》,浙江大学硕士学位论文,2019,第 24-37 页。

为了探寻这种社会现象的原理及其由来，有学者尝试提出了与"母职"相对应的"父职"概念，并认为现代法律等社会制度对于"以赚钱为主"的"父职"的构建是造成"父亲"经济优势地位与"母职惩罚"社会效应的最主要原因。对于中国社会来说，"这一能力的性别差异从中国现代工业化初期就已开始"；与"以赚钱为主、很少照顾子女"的"父职"相比，"母职的两项任务"则是以"无酬照顾为主，赚钱抚养为辅"。❶ 这种"母职"与"父职"的划分自其形成以来就一直或明或暗地存在于与此相关的各类性别法律制度之中。

但不论"父职"实际存在与否，"母职"都是人类社会对于女性身份的一种角色构建，这一点毫无疑问。只是对于中国社会来说，它的起始时间绝不只是"现代工业化初期"。我们在前面就已经提到，男子主外、女子主内的家庭分工原则自父权制的社会制度确立之后就已经形成。在古代中国社会，女性不仅被严格限制在家庭生活的范围之内，无法参与到除此之外的经济生产与社会生活之中，甚至在家庭事务内部，女性也没有独立于男性的自主决定权。可以说，从那时起，中国女性就被赋予了生儿育女、侍奉公婆、操持家务的贤妻良母职责。清末民初的思想变革与资本主义经济的兴起，的确在一定程度上解放了中国女性，使得她们有机会走出家庭、参加劳动。同时，这也为日后的女性发展与经济独立奠定了重要前提。可我们在前面也曾经提到，彼时中国的进步女性思想呈现出了一定的"中国特色"，其中一个重要体现就是称颂"母职"。"如金天翮在《女界钟》（1903年）里就主张"，"女性的角色在家政"。"而他所说的家政，包括育儿、卫生、经

---

❶ 王向贤：《承前启后：1929—1933 年间劳动法对现代母职和父职的建构》，《社会学研究》2017 年第 6 期，第 165 – 188 页。

济、法律、行政等,如此看来,他虽不愿女性盲从,却还是不能摆脱女性传统的'性别角色'","他心目中的理想女性形象,终究是'国民之母'"。❶

对此,社会主义的女性解放思想有着不同见解。恩格斯指出,"女性的解放,只有在女性可以大量地、社会规模地参加生产,而家务劳动只占她们极少的工夫的时候,才有可能"❷。由此,在中国共产党领导下的女性解放也不再一味强调女性的"母职"身份,而是鼓励女性独立自主、实现"人的全面发展"。那么,为何在当代中国社会,女性的"母职"身份行为仍然给她们带来了"母职惩罚"的社会效应就是我们无法回避的问题。

二、"母职"成本的社会化

我们在前面曾经提到,人类社会的性别关系制度是一种以生育为目的、以种族延续需要为基础的社会制度。由此可见,生育行为对于人类繁衍与社会发展的重要性。可人类抚育行为的社会性也只是说明了人类社会需要以男女两性来共同承担生育后代的社会责任,我们不能仅仅因为女性在生育过程中承担了更多不可替代的身体负担,就此判定抚育子女是女性的天然职责与应尽义务。这个朴素且显而易见的简单逻辑甚至不需要更多论证。但当它投射在我们选择性地优待生育女性以补偿她们为此所付出的代价时,就不可避免地带上了一些性别色彩。再加上社会意识中仍然普遍存在的传统性别观念,那些原本以保护女性为目的的生育保障制度也在无形中将生育义务"转嫁"到女性身上,从而起到

---

❶ 王政、陈雁主编:《百年中国女权思潮研究》,"近代中国的女权概念",复旦大学出版社,2005,第46-53页。

❷ 《马克思恩格斯选集》第4卷,人民出版社,1995,第162页。

了"协助"社会"惩罚"女性的作用。由此，对于女性所谓的"母职"身份行为来说，我们首先要做的就是"去性别化"。

事实上，关于这一点，文章在之前的章节中已经进行过充分的讨论，此处便不再赘述。但假如我们从社会保障的角度出发，只对生育行为作"去性别化"的处理似乎还是不够的。"当谈及'性别平等'、'生活质量'和'公共政策视野下的社会服务'这些议题时，有着 490 万居民的挪威被普遍认为是世界上发展得最好的国家之一。"而挪威在生育保障方面所施行的福利政策也确实能为我们带来一些重要启示。根据挪威劳动和福利局（The Norwegian Labour and Welfare Administration）公布的家庭政策计划❶，挪威每个幼儿家庭均可享有 9 周全额工资的产假、2 周的陪产假、47 周全额工资（或者 57 周 80% 工资）的育儿假；其中父亲的育儿假配额为 12 周，且父亲若不使用育儿假则父母双方均会失去育儿假。作为"女性友好型福利国家"，挪威的生育福利政策可以说已经充分体现了"生育不只是女性的责任"的原则。但即便如此，依据 2011 年的统计数据显示，挪威处于就业年龄的女性，只有 70% "处于就业状态"，同时，她们之中仅有 57% 从事全职工作，且"女性的收入仅为男性收入的 84%"。❷

为何"母职惩罚"的社会效应依旧明显，这绝不是"去性别化"出现了问题。相反，挪威之所以推行这种家庭政策计划，其目的就是提高女性就业率与人口生育率，并且这种目的也已经实

---

❶ 除文中已经提及的假期福利政策之外，根据该家庭政策计划（2011 年）：每个 1~2 岁的儿童每月可以获得 423 欧元的现金育儿津贴；1~5 岁的孩子中有 89.2% 在国家补贴的、可负担的幼儿园中获得幼托照顾；并且每个孩子 18 岁之前均可获得每月 124 欧元的儿童福利金等。

❷ 妮娜·贝文：《当代挪威福利国家中的性别平等及针对已婚育女性的政策》，李淑君译，《公共行政评论》2013 年第 3 期，第 84–100 页。

现。所以，这其实恰恰说明了"去性别化"的重要性。但与此同时，这也表明，我们还需要在此基础上进一步地对女性所谓的"母职"身份行为"去家庭化"。根据丹麦学者考斯塔·艾斯平-安德森（Gøsta Esping-Andersen）的福利国家理论，所谓"去家庭化是指个体在多大程度上可以不依赖于家庭而获得福利"，它强调的是"家庭通过市场或社会政策摆脱传统的福利提供责任"。❶一项福利政策中"去家庭化"的程度越高，就意味着国家、社会、市场所承担的福利提供责任越大。事实上，这在本质上体现的是一种"赋权"性质的福利政策理论，即国家应当把生育行为视作每个社会成员的权利而非家庭义务，同时通过相应的社会福利来保障个体生育权利的实现，并且不能把对家庭整体的福利保障等同于个人的福利保障。这正是国家以社会制度的形式承担培养与发展个人能力的积极义务，并把每个人都当作目的的能力理论在生育保障方面的具体体现。每个人都需要发展能力，而这种能力通常体现为一种混合能力，需要以一定的社会条件作为支撑，生育行为自然也不例外。由于生理与生物性上的差异，相比于男性，女性已经在生育过程中承担了极大的身体负担，那么给予女性以相应的特殊优待便是基于这种差异和实现女性"充足适当"发展的必要。同时，由于能力的培养与发展是每个国家的积极义务，那么以社会保障的形式实现对女性生育行为的特殊保护便是每一个体面社会全体成员的共同职责。

以挪威等高福利国家为代表的"女性友好型"社会保障政策固然有其不足之处，但它们仍然值得借鉴。因为这些国家的福利政策改革历程也已经表明，相比于"去家庭化"，"去性别化"大

---

❶ 金舒衡：《社会福利和母职赋权——基于OECD国家的福利模式分类研究》，《社会保障评论》2018年第3期，第100页。

约是更为基础也更容易实现的初期目标。同时,"去性别化"的需求之所以迫切是因为这里还存在着另外一层原因:我国社会的家庭照料责任承担,实际上是一个同时涉及性别正义与"代际公正"的社会问题。在"双就业"家庭普遍存在的大环境下,"祖辈往往成为儿童照料非正式资源的提供者","女性老人承担了较多的孙子女照料责任,只有当女性老人无法或无力提供对孙子女的照料时,男性老人才会承担有限的照料责任";有学者称此为"跨代际"的"双重母职"。❶ 而相对地,当家庭中的老人成为被照料对象时,女性仍然"是老人照料责任的主要承担者"。"以女性照顾为主"的,在家庭老人照料中占比 33.3%,"女性与丈夫平均分担"的也占比 33.3%,而"以丈夫为主的比例只占 2.4%"。❷ 从某种程度上来说,这都体现了"母职惩罚"的社会效应正在逐步放大。因为除了生育子女,照料老人、操持家务也被看作女性的"母职"身份行为。而这些也都说明"去性别化"的必要性与迫切性。

实现"去家庭化"或许确实比"去性别化"的难度更大,但这并不意味着它的不必要或是不迫切。这一点主要体现在我国农村地区。我们在前面提到,为了体现对女性的特殊保护,我国已经形成了相应的生育保障制度。而同样地,为了保护其他的特殊群体,我们也制定了诸如医疗保险、养老保险、失业保险等一系列的社会保障政策。但在现实情况下,这些社会保险的参保水平是与参保人的就业状态密切相关的。我们知道,城镇人口的正规

---

❶ 卜娜娜、卫小将:《劳累、拉扯与孤单:"老漂"母亲的母职实践及回应》,《妇女研究论丛》2020 年第 6 期,第 57 - 59 页。

❷ 郭舒婧:《已婚已育职业女性的工作——家庭冲突及其福利性政策研究》,上海师范大学硕士学位论文,2020,第 56 页。

就业比例是远高于农村人口的。那么,对于以非正规就业或无就业为主的农村女性来说,她们获得社会保障的机会就会大大降低。比如,生育保险只覆盖城镇企业及其职工,"四期"女性的特殊保障也仅适用于城镇企业、机关、事业单位等;而"享有社会养老保障的非农业户口女性和农业户口女性的人数比例分别为73.3%和31.1%"❶。这种城乡差异是不合理的,它需要通过"去家庭化"予以解决。

我们前面提到,社会保障是一个极其复杂且影响深远的社会问题:它不仅有关个人的生活水平与生活质量,还涉及社会的责任划分与责任承担,甚至可能影响人类的繁衍生息与未来发展。正因为它如此重要,才需要更多的国家责任与社会担当。

---

❶ 王一妃:《女性贫困及其消除路径研究》,浙江大学硕士学位论文,2018,第54页。

结　语

自女性主义运动兴起到女性主义法学理论的基本成形，这期间性别平等一直占据着世界女性解放与女性发展话题的核心。虽然在有关此类话题的讨论中，正义的价值从未真正离开，但中外学界似乎都更愿意给予平等价值更多的理论关怀。随着女性主义法学理论的不断向前发展，由"差异"问题引发的关于"女性是什么"的讨论也逐渐将女性主义引向一个尴尬的境地。一部分学者坚持以公平、正义的价值为标准，努力追寻女性在现实生活中与男性之间的实质平等。但他们对于何为公平、何为正义，以及这种实质平等与形式平等之间的界限区分始终不能阐释清楚。另一部分学者在吸收借鉴后现代理论思潮的基础上，开始质疑平等、质疑法律，甚至质疑女性本身。他们认为，男女两性之间的不平等应当归因于话语权力的构建，而要实现性别平等就应当打破这种权力，解构现代性的法律制度。他们确实"终止"了女性主义关于"女性是什么"的理论分歧，但却无法进一步给出如何为女性争取平等的社会待遇的答案。还有一部分学者尝试跳出既有的学说与概念限制，寻求以一种新的理论视角，重新解读现有的性别法律关系。

在这之中，有关性别正义价值的讨论值得我们关注。在性别法律关系中，正义价值具备了平等价值所不具备的理论与现实优势。一方面，抛开正义谈平等本身就是不可能实现的。尤其性别法律关系中的平等更多涉及的是实质平等而非形式平等。另一方面，也是更为重要的一点，性别法律关系是一个需要兼顾形式平等与实质平等的问题。因为两性主体他们既是相同的，也是不同的。这就意味着男性与女性之间既需要差异平等，也不能没有同一平等。而何时需要平等以何种形式出现，这是平等命题自身很难完成论证的部分。此时，我们需要再次求助于公平正义的价值判断，以满足现实上的需要。

在已有的关于正义的理论之中，存在着一种比较主义的正义路径，它更侧重于对社会现实的回应。相比于先验主义的正义理论，这种正义路径认为与其构建一套无懈可击的正义制度，不如通过现实的比较，选择一个更有利于消除既有不平等的社会制度。对于女性主义法学来说尤为如此，因为价值争议本身就是一个无法回避的现实问题。

女性主义会被贴上"西方价值"的标签并不让人意外。但"东方价值"也并非不正义的。东西差异确实存在，这一点我们无法否认。可东西方文化内部各自的多样性以及东西方文化之间的密切联系，使得我们无法把所谓的东方价值与西方价值整体地对立起来。只有承认人类世界的多样性，才能正确看待文化差异和多元文化主义。为了实现这一目的，我们也应当给予这种开放性的正义理论以更多的关注——它应当是以比较主义的路径，通过开放的公共讨论达成以正义为内容的全球范围内的公共理性。

之所以比较主义的正义理论更适合于女性主义法学，另一个重要原因在于先验主义的正义制度大都以社会契约理论为基础，而这种理论背景下构建的法律制度自始便剥夺了女性的法律主体资格。现代法律自诞生之时起就被认为是理性的。继而理性的法律以女性不具备理性的特质为由，将女性拒绝在法律之门外。女性主义运动的第一次浪潮过后，女性虽然被赋予了公民的身份，但法律的世界依旧被理性统治。彼时的女性主义者提出了社会性别的概念，试图戳穿"只有男性是理性的"以及"理性才是优越的"谎言。这种尝试确实为当时女性法律地位的提升带来了积极的影响，但也未能最终打破法律的理性"光环"。正当理性之争陷入胶着，后现代主义登上历史舞台。理性与法律，性别与主体，统统被"打碎"并一同丢进历史的尘埃。可见，在女性未能取得应有的法律主体地位的历史过往中，"理性"自始至终都扮演着至关重要的角色。

正如我们知道的，社会契约式的现代法学理论中普遍存在着这样一种共识：理性制约着人的行为选择，当且仅当人们作为理性的人时其行为才被认为是合理的。这就是所谓的理性决定论。事实上，人的行为选择并非只受到理性的制约，或者更进一步地说，人在非理性时并非一定不会作出合理的行为选择。此外，理性决定论还隐含了这样一种价值预设：人们只作对自己有利的选择。这种价值上的预设就意味着任何人在作出任何行为选择时都必须经过足够审慎的思考与判断。可事实上，很多时候人们并不会如此"精明"，依靠"惯性""直觉"甚至是"下意识"作出选择的情况比比皆是。这种不精明的行为选择方式并不能成为直接否定这些行为在结果上合理的原因。从这个角度讲，自然的，也可以是理性的。

由此，我们可以对法律中的理性范畴进行重塑：在其中融入那些被认为是"女性化"的习惯、情感等因素，使法律主体在理论上同时具备理性与自然的双重内涵。假如这样的理性自然主体假设能够成立，那么女性在法律主体身份上困难就能迎刃而解。进而，作为主体之行为评价标准的正义价值也应作出相应的调整。因为如果完整意义上的法律主体假设能够成立，那么行为主体在作出行为选择时将不再只依赖于唯一的理性动机。动机的多元必然也会带来行为选择的多元。进而，只有多元化的价值评价体系才能满足性别正义的主体与法律制度需要。

正义的能力进路为我们提供的正是这种评价的依据。以纳斯鲍姆和森为代表的能力理论，或称能力发展理论是近年来引起最广泛关注的比较主义的正义理论之一。在森的理论中，这种能力被称为"可行能力"，纳斯鲍姆则称之为"多元能力"。正义的能力进路不仅同时具备评价特定社会价值与社会条件的理论功能，它还兼顾了人的行为选择的多样性，在最大限度内实现了正义理论与人的主体性契合。

在多元能力的语境下，能力是不可能先于法律存在的，它需要以一定的制度条件作为支撑。与此同时，能力的培养与保护须以国家的积极行为为必要。而国家履行这种积极义务的最优方案就是借助一定的制度设置，特别是有关社会基本结构的政治制度，以实现对个人能力培养与发展的义务分配。依据多元能力理论的基本原理，一个社会的正义与否在根本上取决于生活在其中的人们所具备的能力水平。只有当所有人都至少拥有十种核心能力，且各种能力均充足适当的状态下，人们的生活才是有尊严的，这样的社会才是正义的。而国家作为对内的能力义务主体，决定其"基本结构"的宪政制度和法律体系必然也要以这个"能力清单"

作为最低限度的正义原则。能力清单的"底线性"也意味着这个正义原则的强制性。由此,那些未能达到底线标准的"基本结构"制度都是不正义的。

在中国传统社会,不正义的性别制度以封建礼法为依托,确立了女性在婚姻、家庭以及继承关系中相对于男性的劣势地位。同时,又在此基础上进一步明确了女性在政治、财产等领域相对于男性的从属地位。但历史已经过去,传统的婚姻、家庭、继承关系在当代法律制度中已基本无迹可寻,当代中国女性的政治、财产等权利也均受到法律保护。可当下的性别关系现状却表明,女性在婚姻家庭生活、思想文化教育以及经济财产状况等方面的社会待遇仍然普遍低于男性。究其原因,这是由于中国历史上曾长期存在的不正义的性别传统,它以性别文化的形式被遗留至今。若要改变当下社会现实中的性别不平等现象,显然就不能对这种性别文化放任不理而必须对其进行相应的改造。文化的改造绝非易事,其依靠的也绝不仅仅是法律或者制度,更有赖于全社会的共同努力。

参考文献

一、专著、译著

[1] 周安平. 性别与法律：性别平等的法律进路 [M]. 北京：法律出版社，2007.

[2] 孙文恺. 法律的性别分析 [M]. 北京：法律出版社，2009.

[3] 马姝. 法律的性别问题研究 [M]. 北京：中国社会科学出版社，2017.

[4] 王新宇. 性别平等与社会公正——一种能力方法的诠释与解读 [M]. 北京：中国政法大学出版社，2014.

[5] 瞿同祖. 瞿同祖法学论著集 [M]. 北京：中国政法大学出版社，2004.

[6] 瞿同祖. 中国法律与中国社会 [M]. 北京：中华书局，2003.

[7] 瞿同祖. 瞿同祖论中国法律 [M]. 北京：商务印书馆，2014.

[8] 沈宗灵. 现代西方法理学 [M]. 北京：北京大学出版社，1992.

［9］林奇富．社会契约论与近代自由主义转型［M］．北京：光明日报出版社，2010．

［10］高中．后现代法学思潮［M］．北京：法律出版社，2005．

［11］冯俊，弗兰西斯·弗·西博格，高宣扬，等．后现代主义哲学讲演录［M］．北京：商务印书馆，2003．

［12］郭夏娟．为正义而辩——女性主义与罗尔斯［M］．北京：人民出版社，2004．

［13］李银河．女性主义［M］．济南：山东人民出版社，2005．

［14］李银河．女性权力的崛起［M］．北京：文化艺术出版社，2003．

［15］李银河．性别问题［M］．青岛：青岛出版社，2007．

［16］李银河．李银河：我的社会观察［M］．北京：中华工商联合出版社，北京时代华文书局，2014．

［17］李银河．两性关系［M］．上海：华东师范大学出版社，2005．

［18］李银河．妇女：最漫长的革命［M］．北京：中国妇女出版社，2007．

［19］陈功．家庭革命［M］．北京：中国社会科学出版社，2000．

［20］费孝通．费孝通译文集：上册［M］．北京：群言出版社，2002．

［21］费孝通．生育制度［M］．北京：生活·读书·新知三联书店，2014．

［22］陈东原．中国妇女生活史［M］．北京：商务印书馆，2015．

［23］汪玢玲．中国婚姻史［M］．上海：上海人民出版社，2001．

［24］白凯．中国的妇女与财产：960—1949［M］．上海：上

海书店出版社，2007．

［25］刘红，刘光永．妇女运动史话［M］．北京：社会科学文献出版社，2000．

［26］马姝．时代镜像中的性别之思［M］．北京：中国经济出版社，2017．

［27］杜芳琴．中国社会性别的历史文化寻踪［M］．天津：天津社会科学出版社，1998．

［28］周安平，王斌著．婚姻法、继承法理论与适用［M］．北京：中国经济出版社，2001．

［29］周伟．反歧视法研究：立法、理论与案例［M］．北京：法律出版社，2008．

［30］周伟，李薇薇，杨聪，等．禁止就业歧视的法律制度与中国的现实［M］．北京：法律出版社，2008．

［31］世界银行．世界银行政策研究报告：通过权利、资源和言论上的性别平等促进发展［M］．北京：中国财政经济出版社，2002．

［32］世界银行．世界银行政策研究报告：全球化、增长与贫困——建设一个包容性的世界经济［M］．北京：中国财政经济出版社，2003．

［33］美国模范刑法典及其评注［M］．刘仁文，王祎，等，译．北京：法律出版社，2005．

［34］澳大利亚联邦刑法典［M］．张旭，李海滢，李綦通，等，译．北京：北京大学出版社，2006．

［35］玛莎·C. 纳斯鲍姆．寻求有尊严的生活——正义的能力理论［M］．田雷，译．北京：中国人民大学出版社，2016．

［36］玛莎·C. 纳斯鲍姆．正义的前沿［M］．陈文娟，谢惠

媛，朱慧玲，译. 北京：中国人民大学出版社，2016.

［37］玛莎·C. 纳斯鲍姆. 善的脆弱性：古希腊悲剧与哲学中的运气与伦理［M］. 徐向东，陆萌，译. 南京：译林出版社，2018.

［38］阿马蒂亚·森. 正义的理念［M］. 王磊，李航，译. 刘民权，校译. 北京：中国人民大学出版社，2012.

［39］阿马蒂亚·森. 伦理学与经济学［M］. 王宇，王文玉，译. 北京：商务印书馆，2000.

［40］阿马蒂亚·森. 身份与暴力——命运的幻象［M］. 李风华，陈昌升，袁德良，译. 刘民权，韩华为，校. 北京：中国人民大学出版社，2009.

［41］阿马蒂亚·森. 理性与自由［M］. 李风华，译. 北京：中国人民大学出版社，2013.

［42］阿马蒂亚·森. 以自由看待发展［M］. 任赜，于真，译. 刘民权，刘柳，校. 北京：中国人民大学出版社，2002.

［43］阿马蒂亚·森，刘民权，夏庆杰，等. 从增长到发展［M］. 北京：中国人民大学出版社，2015.

［44］阿玛蒂亚·森，贝纳多·科利克斯伯格. 以人为本：全球化世界的发展伦理学［M］. 马春文，李俊江，等，译. 长春：长春出版社，2012.

［45］阿马蒂亚·森，詹姆斯·福斯特. 论经济不平等［M］. 王利文，于占杰，译. 北京：中国人民大学出版社，2015.

［46］阿马蒂亚·森. 再论不平等［M］. 王利文，于占杰，译. 北京：中国人民大学出版社，2016.

［47］韦恩·莫里森. 法理学：从古希腊到后现代［M］. 李桂林，李清伟，侯健，等，译. 武汉：武汉大学出版社，2003.

[48] E. 博登海默. 法理学: 法律哲学与法律方法 [M]. 邓正来, 译. 北京: 中国政法大学出版社, 2004.

[49] 司丹木拉. 现代法学之根本趋势 [M]. 张季忻, 译. 上海: 上海社会科学院出版社, 2017.

[50] 特里·伊格尔顿. 后现代主义的幻象 [M]. 华明, 译. 北京: 商务印书馆, 2014.

[51] 约翰·罗尔斯. 正义论 [M]. 何怀宏, 何包钢, 廖申白, 译. 北京: 中国社会科学出版社, 2009.

[52] 约翰·罗尔斯. 政治自由主义 [M]. 万俊人, 译. 南京: 译林出版社, 2011.

[53] 约翰·罗尔斯. 作为公平的正义: 正义新论 [M]. 姚大志, 译. 北京: 中国社会科学出版社, 2011.

[54] 约翰·罗尔斯. 万民法——公共理性观念新论 [M]. 张晓辉, 李仁良, 邵红丽, 等, 译. 长春: 吉林人民出版社, 2011.

[55] 约翰·罗尔斯. 万民法 [M]. 陈肖生, 译. 长春: 吉林出版集团有限责任公司, 2013.

[56] 约翰·罗尔斯. 罗尔斯论文全集 [M]. 陈肖生, 等, 译. 长春: 吉林出版集团有限责任公司, 2013.

[57] 约翰·密尔. 论自由 [M]. 许宝骙, 译. 北京: 商务印书馆, 1959.

[58] 霍布斯. 利维坦 [M]. 朱敏章, 译. 长春: 吉林出版集团有限责任公司, 2010.

[59] 霍布斯. 论公民 [M]. 应星, 冯克利, 译. 贵阳: 贵州人民出版社, 2003.

[60] 洛克. 政府论: 下篇 [M]. 叶启芳, 瞿菊农, 译. 北京: 商务印书馆, 1964.

[61] 让-雅克·卢梭. 社会契约论 [M]. 黄小彦,译. 南京:译林出版社,2019.

[62] 孟德斯鸠. 论法的精神:上册 [M]. 张雁深,译. 北京:商务印书馆,1959.

[63] 布鲁诺·拉图尔. 我们从未现代过:对称性人类学论集 [M]. 刘鹏,安涅思,译. 苏州:苏州大学出版社,2010.

[64] 布鲁诺·拉图尔. 自然的政治:如何把科学带入民主 [M]. 麦永雄,译. 郑州:河南大学出版社,2016.

[65] 米歇尔·福柯. 词与物:人文科学的考古学 [M]. 莫伟民,译. 修订译本. 上海:上海三联书店,2016.

[66] 米歇尔·福柯. 规训与惩罚:监狱的诞生 [M]. 刘北成,杨远婴,译. 北京:生活·读书·新知三联书店,2007.

[67] 克瑞斯汀·丝维斯特. 女性主义与后现代国际关系 [M]. 余潇枫,潘一禾,郭夏娟,译. 杭州:浙江人民出版社,2003.

[68] 玛丽·沃斯通克拉夫特. 女权辩护——关于政治和道德问题的批评 [M]. 王瑛,译. 北京:中央编译出版社,2006.

[69] 苏珊·穆勒·奥金. 正义、社会性别与家庭 [M]. 王新宇,译. 北京:中国政法大学出版社,2017.

[70] 朱迪斯·巴特勒. 性别麻烦:女性主义与身份的颠覆 [M]. 宋素凤,译. 上海:上海三联书店,2009.

[71] 朱迪斯·巴特勒. 身份之重:论"性别"的话语界限 [M]. 李钧鹏,译. 上海:上海三联书店,2011.

[72] 朱迪斯·巴特勒. 消解性别 [M]. 郭劼,译. 上海:上海三联书店,2009.

[73] 朱迪斯·巴特勒. 脆弱不安的生命——哀悼与暴力的力量 [M]. 何磊,赵英男,译. 郑州:河南大学出版社,2013.

[74] 朱迪斯·巴特勒,欧内斯特·拉克劳,斯拉沃热·齐泽克. 偶然性、霸权和普遍性——关于左派的当代对话[M]. 胡大平,高信奇,蒋桂琴,等,译. 南京:江苏人民出版社,2004.

[75] 朱迪斯·贝尔. 女性的法律生活:构建一种女性主义法学[M]. 熊湘怡,译. 北京:北京大学出版社,2010.

[76] 卡洛琳·麦茜特. 自然之死:妇女、生态和科学革命[M]. 吴国盛,等,译. 长春:吉林人民出版社,1999.

[77] 唐娜·哈拉维. 类人猿、赛博格和女人——自然的重塑[M]. 陈静,吴义诚,译. 郑州:河南大学出版社,2012.

[78] 唐娜·哈拉维. 灵长类视觉——现代科学世界中的性别、种族和自然[M]. 赵文,译. 郑州:河南大学出版社,2011.

[79] 刘梦,蔡锋. 性别与法律研究续编[M]. 北京:光明日报出版社,2019.

[80] 陈明侠,黄列. 性别与法律研究概论[M]. 北京:中国社会科学出版社,2009.

[81] 何勤华. 外国法制史:第4版[M]. 北京:法律出版社,2006.

[82] 王政,陈雁. 百年中国女权思潮研究[M]. 上海:复旦大学出版社,2005.

[83] 刘宁元. 中国女性史类编[M]. 北京:北京师范大学出版社,1999.

[84] 李银河. 家庭与性别评论:第2辑[M]. 北京:社会科学文献出版社,2009.

[85] 王金玲. 中国妇女发展报告No.1('95+10)[M]. 北京:社会科学文献出版社,2006.

[86] 王金玲,卜卫. 中国妇女发展报告No.2(2007):妇女

与传媒[M]. 北京：社会科学文献出版社，2007.

[87] 谭琳，姜秀花. 2013~2015年：中国性别平等与妇女发展报告[M]. 北京：社会科学文献出版社，2016.

[88] 韩湘景. 中国女性生活状况报告 No. 11（2017）[M]. 北京：社会科学文献出版社，2017.

[89] 李银河，马忆南. 婚姻法修改论争[M]. 北京：光明日报出版社，1999.

[90] 陈苇. 外国婚姻家庭法比较研究[M]. 北京：群众出版社，2006.

[91] 蒋永萍. 世纪之交的中国妇女社会地位[M]. 北京：当代中国出版社，2003.

[92] 李薇薇，Lisa Stearns. 禁止就业歧视：国际标准和国内实践[M]. 北京：法律出版社，2006.

[93] 周颜玲，凯瑟琳·W. 伯海德. 全球视角：妇女、家庭与公共政策[M]. 王金玲，等，译. 北京：社会科学文献出版社，2004.

[94] 中华全国总工会. 促进工作场所性别平等指导手册[M]. 北京：中国工人出版社，2019.

[95] 阿马蒂亚·森，玛莎·努斯鲍姆. 生活质量[M]. 龚群，等，译. 北京：社会科学文献出版社，2008.

[96] Nussbaum M. C. Women and Human Development: The Capabilities Approach [M]. Gambridge: Gambridge University Press, 2000.

[97] YOUNG I. Justice and the Politics of Difference [M]. Princeton: Princeton University Press, 1990.

[98] MOLYNEUX M. RAZAVI S., ed. Gender Justice,

Development, and Rights [M]. New York: Oxford University Press, 2002.

二、论文集、会议录

[1] 谭琳,姜秀花.妇女/性别理论与实践——《妇女研究论丛》(2005~2009) 集萃 [G]. 北京:社会科学文献出版社,2009.

[2] 胡云腾.司法体制综合配套改革与刑事审判问题研究——全国法院第 30 届学术讨论会获奖论文集:下 [G]. 北京:人民法院出版社,2019.

三、学位论文

[1] 李拥军.性权利研究 [D]. 长春:吉林大学,2007.

[2] 李树忠.平等权保护论 [D]. 北京:中国政法大学,2006.

[3] 刘宏斌.认真对待平等——德沃金政治哲学思想探要 [D]. 上海:复旦大学,2004.

[4] 刘昱辉.公权力介入家庭暴力的法理思考 [D]. 北京:中共中央党校,2016.

[5] 李思然.瑞典社会政策视域的性别平等政策研究 [D]. 哈尔滨:哈尔滨工业大学,2019.

[6] 肖冰.高等教育专业性别隔离研究 [D]. 武汉:武汉工程大学,2013.

[7] 崔龙臻.性别的法理学思考 [D]. 上海:华东政法大学,2011.

[8] 王汇钰.社会性别视野下现代女性角色冲突及其解决 [D]. 上海:华东政法大学,2014.

［9］向丹. 转轨时期中国就业中的性别不平等问题研究［D］. 北京：北京交通大学，2007.

［10］朱珍珍. 美国女权主义法学平等与差异观研究［D］. 兰州：西北师范大学，2014.

［11］刘小刚. 发展、权利与平等——阿马蒂亚·森经济伦理思想评析［D］. 苏州：苏州大学，2004.

［12］张荣荣. 从权利平等到社会平等的超越——对马克思恩格斯社会伦理中平等思想的解读［D］. 长春：吉林大学，2006.

［13］白利军. 自由与平等之争——罗尔斯与诺齐克正义论争之研究［D］. 西安：陕西师范大学，2003.

［14］郑晴. 玛莎·纳斯鲍姆能力路径的正义理论探究［D］. 武汉：中南财经政法大学，2015.

［15］卞晓东. 家庭暴力治理中的刑法界限［D］. 天津：天津商业大学，2019.

［16］刘雅静. 我国刑法去性别化问题研究［D］. 保定：河北大学，2019.

［17］张书地. 强奸罪的司法疑难问题研究［D］. 哈尔滨：黑龙江大学，2019.

［18］唐艳. 性犯罪被害人权利保障研究［D］. 广州：广东外语外贸大学，2019.

［19］张珣. 论公民性权利的刑法保护［D］. 上海：华东政法大学，2016.

［20］胡鹏飞. 强奸罪若干问题研究［D］. 北京：中央民族大学，2017.

［21］曹亚伟. 论强奸罪的立法缺陷与重构［D］. 郑州：河南财经政法大学，2018.

[22] 李梦玉. 强奸罪司法判例研究——以《刑事审判参考》中的强奸案例为素材 [D]. 苏州：苏州大学, 2018.

[23] 周雨燕. 女性自我客体化、性客体化经历以及性侵犯经历关系研究 [D]. 重庆：西南大学, 2019.

[24] 戚天琦. 强奸罪视角下的男性性权利保护 [D]. 长春：吉林财经大学, 2019.

[25] 冯思柳. 幼女性权利的刑法保护研究 [D]. 赣州：江西理工大学, 2019.

[26] 苏振榕. 女性反家暴资源获取困境及解决策略研究——以厦门市 S 区 12 名受暴女性为例 [D]. 南京：南京大学, 2019.

[27] 朱明亮. 家庭暴力下受虐妇女杀夫案量刑问题研究 [D]. 长春：吉林大学, 2019.

[28] 何孟津. 家庭暴力中"施暴者"的个案社会工作介入研究 [D]. 长沙：湖南师范大学, 2019.

[29] 杨玉欣. 农村进城务工妇女遭受家庭暴力的个案介入研究 [D]. 长春：吉林农业大学, 2019.

[30] 华艳. 公共管理视阈下的徐州市家庭暴力防治问题研究 [D]. 徐州：中国矿业大学, 2019.

[31] 吕翠玲. 公权力介入家庭暴力主体责任确认的例证分析 [D]. 重庆：西南大学, 2019.

[32] 陈丽平. 家暴受害妇女的法律权益保护之研究——以 X 地区为例 [D]. 西宁：青海民族大学, 2019.

[33] 付昨霖. 家庭暴力危险性评估量表的标准化研究 [D]. 北京：北京建筑大学, 2019.

[34] 杨晓宇. 受虐妇女杀夫案量刑问题研究 [D]. 兰州：甘肃政法学院, 2019.

［35］曾彦平．我国《反家庭暴力法》中被害人救济机制研究［D］．乌鲁木齐：新疆大学，2019．

［36］孔超．我国《反家庭暴力法》中的人身安全保护令制度研究［D］．南京：南京大学，2019．

［37］黄若青．我国公安机关防治家庭暴力执法制度研究［D］．广州：广东外语外贸大学，2019．

［38］姚琼．西安市妇联组织介入家庭暴力的问题与对策研究［D］．西安：长安大学，2019．

［39］莫思佳．生育的性别收入差距效应及其影响机制研究［D］．杭州：浙江大学，2019．

［40］郭舒婧．已婚已育职业女性的工作-家庭冲突及其福利性政策研究［D］．上海：上海师范大学，2020．

［41］王一妃．女性贫困及其消除路径研究［D］．杭州：浙江大学，2018．

四、期刊中析出的文献

［1］胡玉鸿．法律主体概念及其特性［J］．法学研究，2008（3）．

［2］蒋传光．中国传统法文化中的秩序理念［J］．东方法学，2012（3）．

［3］史凯亮，宓瑞新，杨玉静．中国性别平等与妇女发展20年［J］．妇女研究论丛，2015（6）．

［4］吴利娟．中国社会男女平等吗——性别不平等的认知差异与建构［J］．学术研究，2017（1）．

［5］刘伯红，李玲，杨春雨．中国经济转型中的性别平等［J］．山东女子学院学报，2015（2）．

[6] 李小云, 董强, 刘晓茜, 等. 资产占有的性别不平等与贫困 [J]. 妇女研究论丛, 2006 (6).

[7] 陈新叶. 摭采探析国外性别平等教育发展概况 [J]. 山东女子学院学报, 2016 (1).

[8] 刘志民, 宁芳艳, 罗泽意. 印度高等教育性别不平等现象及其政府应对措施 [J]. 湘潭大学学报（哲学社会科学版）, 2017 (4).

[9] 刘华萍. 性别平等之悖论：在哲学与政治之间 [J]. 岭南学刊, 2016 (2).

[10] 李玉, 申鹏. 性别差异视角下返乡农民工稳定非农就业的影响因素研究——基于中西部6省（市）的问卷调查 [J]. 新疆农垦经济, 2018 (7).

[11] 孙明哲. 西方性别理论变迁及其对性别定义的影响——当代性别理论的两极：两性平等与性别建构 [J]. 学习与实践, 2018 (6).

[12] 贡巧丽, 郝丽琴. 我国农村地区社会性别不平等问题研究 [J]. 河北科技大学学报（社会科学版）, 2016 (4).

[13] 郑玉敏. 推动中国法律的性别平等评估机制建立研究 [J]. 山东女子学院学报, 2016 (2).

[14] 刘晓云. 体育锻炼性别差异及其对心理健康的影响研究 [J]. 教育评论, 2018 (5).

[15] 刘一博. 台湾性别平等教育对大陆的启示 [J]. 吉林省教育学院学报, 2015 (5).

[16] 郭梦珂. 台湾地区大学生就业性别差异调查研究 [J]. 中国冶金教育, 2018 (3).

[17] 刘东英. 试论社会转型期的性别平等问题 [J]. 新疆师

范大学学报（哲学社会科学版），2006（3）.

［18］王琪．师生互动中性别不平等问题分析［J］．基础教育研究，2016（17）.

［19］郑丹丹．社会意识的行动逻辑——性别不平等的现象学社会学解释框架［J］．浙江学刊，2006（5）.

［20］李思然．瑞典性别平等政策的改革［J］．求是学刊，2018（3）.

［21］刘伯红．社会性别统计：促进性别平等的有力工具［J］．中国妇运，2015（12）.

［22］张迎红．浅析欧盟性别平等指数的构建［J］．中华女子学院学报，2015（1）.

［23］刘莹．欧盟性别平等状况简介（上）［J］．中国妇运，2016（5）.

［24］韩阳．女性主义视角下中国职业性别不平等原因分析［J］．边疆经济与文化，2007（2）.

［25］林丽拉，吴苑华．女性主义的性别平等思想［J］．青海社会科学，2016（2）.

［26］田翠琴．农村妇女发展与闲暇时间的性别不平等研究［J］．妇女研究论丛，2004（5）.

［27］朱婷钰，赵万里．玛蒂尔达效应与科学界的性别不平等——基于对中国科技工作者分层状况的调查研究［J］．自然辩证法通讯，2017（5）.

［28］王冬梅，罗汝敏．健康方面的性别不平等与贫困［J］．妇女研究论丛，2005（12）增刊.

［29］邬永嘉，李玲．马克思主义真的是家长制做派，无视性别差异吗？——评析特里·伊格尔顿《马克思为什么是对的》

[J].当代教育实践与教学研究,2018(7).

[30]刘娜,Anne de Bruin.家庭收入变化、夫妻间时间利用与性别平等[J].世界经济,2015(11).

[31]汪连杰.互联网使用、闲暇偏好与农村居民幸福感——基于性别差异视角的分析[J].哈尔滨商业大学学报(社会科学版),2018(4).

[32]陈耀.关于性别文化与性别不平等的思考[J].中共福建省委党校学报,2005(4).

[33]王晶,李乾坤.关于性别差异与性别平等的哲学思考[J].吉林大学社会科学学报,2016(6).

[34]张科.高校大学生思想政治教育性别差异调查分析[J].教书育人(高教论坛),2018(6).

[35]朱斌,李路路.独立与权利:中美女性主义运动与性别平等观念比较研究[J].社会,2015(5).

[36]赵欣.德国性别收入不平等现象及其影响因素分析[J].山东女子学院学报,2018(4).

[37]潘腾,孙庆括,胡启宙.初中数学教科书中性别不平等问题研究[J].南昌师范学院学报(综合),2018(3).

[38]王鹏.95后女大学生社团参与状况实证研究——基于性别差异的分析[J].青少年学刊,2018(2).

[39]林卡,唐琳.妇女与社会政策——论妇女地位在北欧国家的变迁[J].妇女研究论丛,2006(2).

[40]陆彬.论可行能力视野中的发展——阿玛蒂亚·森的发展思想探析[J].云南行政学院学报,2006(5).

[41]徐向东.能力探讨与基本的善[J].云南大学学报(社会科学版),2004(6).

［42］叶晓璐．纳斯鲍姆可行能力理论研究——兼与阿马蒂亚·森的比较［J］．复旦学报（社会科学版），2019（4）．

［43］董骏．迈向一种能力进路的人权观——评纳斯鲍姆《寻求有尊严的生活》［J］．河北法学，2017（2）．

［44］宁立标，陈家恩．能力、人权与反贫困——玛莎·纳斯鲍姆多元能力理论的反贫困价值［J］．人权研究，2019（2）．

［45］陶涛．残障人问题对罗尔斯正义理论的挑战——兼论纳斯鲍姆之"能力法"［J］．伦理学研究，2010（4）．

［46］康坤．关于纳斯鲍姆对正义主体拓展要求的思考［J］．文学教育，2018（12）．

［47］叶晓璐．好生活与脆弱性——阿伦特和纳斯鲍姆相关思想论述［J］．山东科技大学学报（社会科学版），2016（4）．

［48］叶晓璐．交流与行动——读纳斯鲍姆《善的脆弱性》［J］．哲学分析，2012（2）．

［49］吴雯丽．纳斯鲍姆政治正义中的"体面社会"［J］．浙江伦理学论坛，2018年刊．

［50］丁文．建国五十年来的中国家庭巨变［J］．学习与探索，1999（6）．

［51］刘云杉，王志明．女性进入精英集体：有限的进步［J］．高等教育研究，2008（2）．

［52］李亚娟．高等教育性别隔离与教育平等权［J］．理论前沿，2009（19）．

［53］翁秋敏．高等教育中专业性别隔离的成因分析——以场域理论为视角［J］．兰州教育学院学报，2018（1）．

［54］杨东平．从权利平等到机会均等——新中国教育公平的轨迹［J］．北京大学教育评论，2006（2）．

[55] 高瑞泉. 论现代嬗变中的"平等"观念——以19、20世纪之交的中国思想界为中心的考察 [J]. 学术月刊, 2005 (7).

[56] 李霞. 平等权、社会性别、公民权: 女权主义的理论路向 [J]. 学习与探索, 2005 (4).

[57] 吴宁. 社会弱势群体保护的权利视角及其理论基础——以平等理论透视 [J]. 法制与社会发展, 2004 (3).

[58] 郑慧. 中西平等思想的历史演进与差异 [J]. 武汉大学学报（哲学社会科学版), 2004 (5).

[59] 唐建华. 社会转型中女性的经济平等问题 [J]. 中国人力资源开发, 2006 (12).

[60] 牛秋业. 传统平等与人的平等——费耶阿本德哲学的科学主义与人本主义 [J]. 河南师范大学学报（哲学社会科学版), 2007 (1).

[61] 马凤岐. 受教育机会平等: 不同的标准 [J]. 教育学报, 2006 (5).

[62] 王广. 恩格斯对杜林平等、正义观的批判及其当代启示 [J]. 毛泽东邓小平理论研究, 2006 (11).

[63] 顾秀莲. 积极推动社会性别主流化和决策科学化进程——在《1995—2005年: 中国性别平等与妇女发展报告》（妇女绿皮书）首发式上的讲话 [J]. 妇女研究论丛, 2006 (2).

[64] 易小明, 唐亚武. 论平等生成的哲学基础 [J]. 天津社会科学, 2004 (3).

[65] 王一多, 孟昭勤. 论人类平等精神产生的根源及其意义 [J]. 西南民族大学学报（人文社科版), 2003 (9).

[66] 陈霞明. 论实质平等 [J]. 江西社会科学, 2007 (4).

[67] 李全. 论自然法的平等、自由与理性精神 [J]. 四川大

学学报（哲学社会科学版），2004 增刊.

[68] 李淑梅. 罗尔斯的自由观: 自由与平等结合 [J]. 求是学刊, 2005 (3).

[69] 姚大志. 罗尔斯: 从自由到平等 [J]. 开放时代, 2003 (1).

[70] 周仲秋. 马克思恩格斯为何拒绝将平等作为理论范畴使用 [J]. 求索, 2004 (2).

[71] 周全华. 马克思价值体系中的最大平等与终极自由 [J]. 学术研究, 2006 (12).

[72] 王桂艳. 平等、自由与制度正义 [J]. 思想战线, 2006 (4).

[73] 姚大志. 平等: 自由主义与社群主义 [J]. 文史哲, 2006 (4).

[74] 张星炜, 刘从政. 平等观念及其理论概览 [J]. 科学社会主义, 2005 (6).

[75] 李清富. 平等还是公正?——试论罗尔斯的教育哲学观 [J]. 外国教育研究, 2006 (3).

[76] 姜涌. 人的平等是现代化过程中的基本问题 [J]. 理论前沿, 2005 (8).

[77] 李锡鹤. 人为什么生而平等——论法律人格与自然人格 [J]. 法学, 1996 (4).

[78] 王太芹. 异化的平等——从卢梭政治思想中的平等观说起 [J]. 中国矿业大学学报（社会科学版），2001 (2).

[79] 宋婕. 自由和平等, 还是自由或平等?——西方近代以来对自由与平等关系问题的争论 [J]. 西南民族大学学报（人文社科版），2003 (9).

[80] 曾裕华. 自由优于平等：孟德斯鸠政治哲学的价值取向 [J]. 贵州社会科学, 2005（2）.

[81] 张国军. 自由与平等：人性基础上的化约论思考 [J]. 南京政治学院学报, 2006（2）.

[82] 许平. 自由与平等的博弈——解读 20 世纪资本主义的三次调整 [J]. 历史教学, 2006（5）.

[83] 平飞. 自主·平等·历史——卢梭自由观的价值命意 [J]. 山西师大学报（社会科学版）, 2005（4）.

[84] 靳海山. 作为经济伦理的平等 [J]. 新视野, 2007（2）.

[85] 叶佳惠, 李梦玲, 江剑平. 网络性骚扰现状调查与分析 [J]. 保健医学研究与实践, 2018（1）.

[86] 邹维. 校园性别事件治理的台湾经验：法律文本分析的视角 [J]. 少年儿童研究, 2019（8）.

[87] 刘杰, 余桂红, 曾雯. 加拿大大学校园安全管理：政策支持、实施及启示 [J]. 中国地质大学学报（社会科学版）, 2019（1）.

[88] 朱剑. 大学女性从政策边缘走向中心——乌干达马克雷雷大学社会性别主流化的案例解读 [J]. 外国教育研究, 2019（1）.

[89] 申素平, 汤洋. 美国加州教育法典中的性别议题研究 [J]. 中国人民大学教育学刊, 2016（4）.

[90] 刘明辉. 企业促进性别平等及家庭友好政策研究——以 5 家纺织服装企业为试点 [J]. 中华女子学院学报, 2019（3）.

[91] 李凌云. 上海女职工劳动权益的法律保障：改革开放以来的成就、问题与展望 [J]. 工会理论研究, 2020（1）.

[92] 马聪. 香港地区反就业性别歧视法律制度研究——以

《性别歧视条例》为例［J］. 华南师范大学学报（社会科学版），2019（4）.

［93］刘明辉. 在女性就业领域的法制里程碑——回顾40年间的得与失［J］. 中华女子学院学报，2018（6）.

［94］于怀清，张庆武. 职场性骚扰案件的证据问题［J］. 妇女研究论丛，2006（S1）.

［95］李佳源，方苏宁. 高校性骚扰：特征、现状、成因与应对机制——以女研究生为重点的实证分析［J］. 广州大学学报（社会科学版），2016（8）.

［96］刘春玲. 再论性骚扰案件中的证据问题［J］. 中华女子学院学报，2010（6）.

［97］刘春玲. 性骚扰案件中的证据问题［J］. 妇女研究论丛，2006（S1）.

［98］卢杰锋. 美国职场性骚扰雇主责任的判例法分析［J］. 妇女研究论丛，2016（2）.

［99］周小李. 学术性骚扰中的寒蝉效应分析［J］. 山西师大学报（社会科学版），2016（2）.

［100］方刚. 校园性别暴力：新的定义与新的研究视角［J］. 中国性科学，2016（1）.

［101］刘微，武亚琼. 自尊、社会支持与性骚扰遭遇频率的相关性研究［J］. 中国健康心理学杂志，2016（1）.

［102］赵军. 话语建构与性骚扰刑事对策的本土之维［J］. 河南大学学报（社会科学版），2017（4）.

［103］王俊. 从道德审判走向法治化：对大学校园学术性骚扰的审思［J］. 华中师范大学学报（人文社会科学版），2017（5）.

［104］徐蕊. 性骚扰立法的中国叙事：语境与关键词［J］.

法制与经济, 2017 (7).

[105] 张伟, 段世飞. 美国大学校园性骚扰行为及其应对机制研究 [J]. 比较教育研究, 2017 (4).

[106] 李秀华. 防治"职场性骚扰"立法逻辑路线之性别检视 [J]. 山东女子学院学报, 2017 (1).

[107] 刘爱生. 美国大学的性骚扰防治政策解析——以爱荷华大学为例 [J]. 重庆高教研究, 2017 (1).

[108] 袁翠清. 我国校园性骚扰法律规制探究——以美国相关法律为对比 [J]. 中国青年社会科学, 2018 (6).

[109] 安琪. 高校性骚扰案件预防及应对机制探讨——以被害人救济路径为考察中心 [J]. 中国青年社会科学, 2018 (6).

[110] 欧阳伊萌. 对于性骚扰行为的法律规制现状分析及思考 [J]. 漯河职业技术学院学报, 2018 (4).

[111] 王政勋. 论猥亵行为违法性程度的判定 [J]. 法治现代化研究, 2018 (4).

[112] 李宁. 性骚扰行为的刑法规制——以新加坡判例为视角 [J]. 中国检察官, 2018 (14).

[113] 刘春玲. 高校防治性骚扰对策研究 [J]. 中华女子学院学报, 2018 (4).

[114] 钟华, 张韵然. 借鉴香港高校经验建立健全内地高校防止性骚扰机制 [J]. 人民法治, 2018 (4).

[115] 杨立新. 规制性骚扰行为还须注重保护职场的性安全 [J]. 人民法治, 2018 (4).

[116] 冯彦君, 隋一卓. 劳动法益: 范畴、结构与机能 [J]. 东南学术, 2018 (4).

[117] 王曦影, 仇雪郦. 反对校园性骚扰全球趋势与本土应

对［J］.人民法治，2018（4）.

［118］李振勇.校园性侵行为的法益分析与预防［J］.青少年犯罪问题，2018（3）.

［119］赵军，武文强.中国（高校）反性骚扰/反性侵的几个关键问题［J］.河南警察学院学报，2018（3）.

［120］蒋四清.浅谈我国被迫辞职制度的不足与完善［J］.中国劳动关系学院学报，2018（1）.

［121］刘春玲.美国防治高校性骚扰的制度与实践——第九条下高校的主要义务［J］.妇女研究论丛，2018（1）.

［122］靳文静.我国高校性骚扰的特征和原因［J］.中华女子学院学报，2019（5）.

［123］林宇.台湾中小学性霸凌防治及其启示——以台湾性别平等教育委员会为例［J］.福建基础教育研究，2019（11）.

［124］王献蜜，林建军，金颖.高校性骚扰发生现状及性别差异研究［J］.中华女子学院学报，2019（5）.

［125］唐芳.设定高校防治性骚扰法律义务之理据［J］.中华女子学院学报，2019（5）.

［126］但淑华.我国台湾地区高校性骚扰防治机制镜鉴［J］.中华女子学院学报，2019（5）.

［127］卢杰锋.职场性骚扰案件证明问题研究［J］.妇女研究论丛，2019（5）.

［128］赵合俊.性法律的发展与性尊严的保障［J］.中华女子学院学报，2019（4）.

［129］王毅纯.民法典人格权编对性骚扰的规制路径与规则设计［J］.河南社会科学，2019（7）.

［130］刘春玲.《民法典各分编（草案）》关于性骚扰规定之

评析[J]. 中华女子学院学报, 2019 (2).

[131] 杨立新. 民法典人格权编草案逻辑结构的特点与问题[J]. 东方法学, 2019 (2).

[132] 林建军. 高校学术领域性骚扰防治体系的功能定位及其建构[J]. 妇女研究论丛, 2019 (2).

[133] 刘文, 滕旭广. 高校如何防治学生遭遇性骚扰——基于加州大学伯克利分校和中国台湾成功大学的比较与借鉴[J]. 高教探索, 2019 (1).

[134] 王利明. 民法典人格权编草案的亮点及完善[J]. 中国法律评论, 2019 (1).

[135] 雷杰淇. 劳动者精神法益保护研究——以职场性骚扰为例[J]. 法学研究, 2018 (2).

[136] 佟新. 性别气质与反骚扰[J]. 中华女子学院学报, 2020 (1).

[137] 姜正华, 曾明. 高校性骚扰治理失灵中的大学生容忍度效应分析——基于A省6所高校的调研[J]. 中国青年社会科学, 2020 (1).

[138] 荣维毅. 消除一切形式对妇女的暴力——对近五年中国治理对妇女暴力行为的评估[J]. 山东女子学院学报, 2020 (1).

[139] 潘丽丽. 用人单位辞退性骚扰者被索赔的困境与出路[J]. 中华女子学院学报, 2020 (1).

[140] 李曦, 于宁. 用人单位应对职场性骚扰问题探究——以劳动争议案件审理为视角[J]. 中华女子学院学报, 2020 (1).

[141] 卢杰锋. 职场性骚扰受害者的法律救济：基于美国法的研究[J]. 中华女子学院学报, 2020 (1).

[142] 邱思萍. 用人单位在职场性骚扰防治中的法律风险及

对策［J］. 湖南工业大学学报（社会科学版），2020（1）.

［143］庞奕晖. 性骚扰立法的现状及其法律思考［J］. 法制与社会，2020（5）.

［144］李耀锋. 美国高校的反性侵及其启示［J］. 青年学报，2020（1）.

［145］张红. 性侵之民事责任［J］. 武汉大学学报（哲学社会科学版），2019（1）.

［146］齐云.《人格权编》应增设性自主权［J］. 暨南学报（哲学社会科学版），2020（1）.

［147］陈兴良. 婚内强奸犯罪化：能与不能——一种法解释学的分析［J］. 法学，2006（2）.

［148］刘宪权. 婚内定"强奸"不妥［J］. 法学，2000（3）.

［149］王学峰，贺洪超. 我国性犯罪立法现存问题及其分析［J］. 西安文理学院学报（社会科学版），2019（2）.

［150］闫霞飞. 福建省性暴力犯罪特征实证分析——基于404起刑事案件的分析［J］. 福建警察学院学报，2019（3）.

［151］张晓东. 性侵犯罪被害人的受损权益研究——以人格权为基点［J］. 公安学刊——浙江警察学院学报，2019（3）.

［152］张小荷. 强奸案中客观性证据的审查运用［J］. 中国检察官，2019（16）.

［153］杨璇. 强奸罪法益新论——从以贞操为中心到以性伤害为中心［J］. 福建警察学院学报，2019（5）.

［154］赵俊甫. 猥亵犯罪审判实践中若干争议问题探究——兼论《刑法修正案（九）》对猥亵犯罪的修改［J］. 法律适用，2016（7）.

［155］钱叶六. 嫖宿幼女罪废除的价值分析及相关行为的认

定［J］．社会科学辑刊，2016（5）．

［156］臧金磊．强奸犯罪之主观方面比较研究［J］．重庆理工大学学报（社会科学），2016（9）．

［157］江崎，王焕婷．正确解读嫖宿幼女罪之废除［J］．青少年犯罪问题，2017（2）．

［158］田刚．美国现代强奸犯罪的法律变革和实践检视［J］．刑法论丛，2017（2）．

［159］胡东飞．论刑法分则中"妇女"概念的外延［J］．当代法学，2018（4）．

［160］詹奇玮．废除嫖宿幼女罪的理论厘清与理性反思［J］．刑法论丛，2018（2）．

［161］王春丽，孙娟．奸淫幼女案件司法适用若干疑难问题研究［J］．青少年犯罪问题，2019（4）．

［162］张晓雨．性侵案件中未成年被害人陈述的证据认定——以核心证据标准的构建为视角［J］．东南司法评论，2019年卷．

［163］郭紫棋，林颖慧．被性侵未成年被害人司法保护体系的完善——基于台湾地区台北市"性侵害案件一站式服务"之启示［J］．人民检察，2018（14）．

［164］唐新宇．存疑性侵案件质证中如何排除合理怀疑［J］．中国检察官，2018（22）．

［165］海门市人民检察院课题组．未成年人被性侵类案相关问题研究——以N市192件案件为研究样本［J］．法制与社会，2020（3）．

［166］汪火良．婚内强奸入《反家庭暴力法》的立法检视［J］．湖北警官学院学报，2018（2）．

［167］李春斌．《反家庭暴力法（征求意见稿）》的域外经

验——大陆法系典型国家涉家庭暴力立法的考察报告［J］. 山东女子学院学报, 2015（2）.

［168］蒋月. 立法防治家庭暴力的五个基本理论问题［J］. 中华女子学院学报, 2012（4）.

［169］赵颖. 美国警察针对家庭暴力的逮捕政策及干预模式研究［J］. 中国人民公安大学学报, 2005（1）.

［170］韩秀义. 部分宪法视角下的反家庭暴力法性质解析与反思［J］. 辽宁师范大学学报（社会科学版）, 2017（1）.

［171］叶怡君. 成年家庭暴力受害者之保护——以医生强制报告制度为角度［J］. 中国卫生法制, 2019（5）.

［172］李波阳, 贾敏. 对家暴受虐妇女杀夫案件量刑的实证分析——以某省女子监狱 24 起案例为样本［J］. 犯罪研究, 2019（5）.

［173］陈颖. 对涉家暴离婚案件中"家庭暴力"情节认定的实证研究——以福州市基层法院 90 份民事判决书为样本［J］. 福建警察学院学报, 2019（5）.

［174］丁瑜, 杨凯文. 妇联购买"反家暴"社会工作服务的制度变迁研究——以 M 市某反家暴专项服务项目为例［J］. 社会工作, 2019（5）.

［175］周文, 李波. 公安机关家庭暴力告诫制度实践与完善［J］. 中国人民公安大学学报（社会科学版）, 2019（6）.

［176］管伟康. 家暴犯罪的罪与罚——向正当防卫迈进［J］. 山东青年政治学院学报, 2018（2）.

［177］蒋月. 我国反家庭暴力法适用效果评析——以 2016—2018 年人民法院民事判决书为样本［J］. 中华女子学院学报, 2019（3）.

[178] 荣维毅. 消除一切形式对妇女的暴力——对近五年中国治理对妇女暴力行为的评估 [J]. 山东女子学院学报, 2020 (1).

[179] 郭夏娟, 郑熹. 性别平权发展与反家庭暴力政策框架变迁: 联合国经验的启示 [J]. 国外社会科学, 2017 (4).

[180] 罗清. 中国《反家庭暴力法》诞生中的三重叙事 [J]. 法制与社会发展, 2020 (1).

[181] 黄晓薇. 高举习近平新时代中国特色社会主义思想伟大旗帜、团结动员各族各界妇女为决胜全面建成小康社会、实现中华民族伟大复兴的中国梦而不懈奋斗——在中国妇女第十二次全国代表大会上的报告 [J]. 中国妇运, 2018 (11).

[182] 周应江, 李明舜, 蒋永萍. 法律政策性别平等评估基本问题研究 [J]. 中华女子学院学报, 2018 (6).

[183] 李勇. 立法性别平等评估的地方经验和国家构建的着力点 [J]. 中华女子学院学报, 2020 (2).

[184] 刘春燕, 杨罗观翠. 社会性别主流化: 香港推动社会性别平等的经验及启示 [J]. 妇女研究论丛, 2007 (1).

[185] "在3+1机制中提高社会性别主流化能力" 全国妇联课题组. 谁来实现社会性别主流化 [J]. 中国妇运, 2005 (12).

[186] "在3+1机制中提高社会性别主流化能力" 全国妇联课题组. 为什么要实现社会性别主流化 [J]. 中国妇运, 2005 (8).

[187] "在3+1机制中提高社会性别主流化能力" 全国妇联课题组. 什么是社会性别主流化 [J]. 中国妇运, 2005 (7).

[188] 刘伯红. 联合国促进性别平等的全球战略: 社会性别主流化 [J]. 中国妇运, 2005 (8).

[189] 齐琳. 瑞典社会性别主流化模式初探 [J]. 中华女子学院学报, 2008 (3).

[190] 刘伯红. 社会性别主流化的概念和特点 [J]. 现代妇女, 2011 (1).

[191] 朱春奎. 社会性别主流化与国家治理现代化 [J]. 中国行政管理, 2015 (3).

[192] 许春芳, 马冬玲. 提高妇女地位机制与性别主流化 [J]. 中国妇运, 2015 (7).

[193] 马蔡琛, 季仲赟. 推进社会性别预算的路径选择与保障机制——基于社会性别主流化视角的考察 [J]. 学术交流, 2009 (10).

[194] 何霞. 妥协与渐进之道: 日本反性别歧视立法研究 [J]. 反歧视评论 (第二辑), 2015.

[195] 杜江. 中英刑法上强奸罪之比较 [J]. 现代法学, 2007 (3).

[196] 但淑华. 女性法学研究的新进展——基于 2006—2015 年硕博论文选题和内容的分析 [J]. 妇女研究论丛, 2018 (3).

[197] 王歌雅. 民法典编纂: 性别意识与规范表达 [J]. 中华女子学院学报, 2019 (2).

[198] 张永英, 姜秀花. 改革开放 40 年妇女权益法治保障回顾与展望 [J]. 人权, 2018 (5).

[199] 黄楚新. 女性主义的觉醒与滥觞 [J]. 人民论坛, 2019 (2).

[200] 彭华民. 中国组合式普惠型社会福利制度的构建 [J]. 学术月刊, 2011 (10).

[201] 黄丹, 倪锡钦. 社会性别视角下的中国女性福利政策: 反思与前瞻 [J]. 社会建设, 2018 (1).

[202] 金一虹, 杨笛. 教育 "拼妈": "家长主义" 的盛行与

母职再造［J］．南京社会科学，2015（2）．

［203］於嘉，谢宇．生育对我国女性工资率的影响［J］．人口研究，2014（1）．

［204］申超．扩大的不平等：母职惩罚的演变（1989—2015）［J］．社会，2020（6）．

［205］王向贤．承前启后：1929—1933年间劳动法对现代母职和父职的建构［J］．社会学研究，2017（6）．

［206］金舒衡．社会福利和母职赋权——基于OECD国家的福利模式分类研究［J］．社会保障评论，2018（3）．

［207］卜娜娜，卫小将．劳累、拉扯与孤单："老漂"母亲的母职实践及回应［J］．妇女研究论丛，2020（6）．

［208］阿马蒂亚·森．什么样的平等？［J］．闲云，译．世界哲学，2002（2）．

［209］福和真子．家务劳动分工和宏观层次的性别不平等［J］．蓝瑛波，摘．国外社会科学，2005（6）．

［210］T.雷根．关于动物权利的激进的平等主义观点［J］．杨通进，译．哲学译丛，1999（4）．

［211］托马斯·斯坎伦．平等何时变得重要？［J］．陈真，译．学术月刊，2006（1）．

［212］克里斯汀·伦威克·门罗．象牙塔中的平等：寻求九个执行中的政策建议以及值得探讨的其他问题［J］．孔海娥，编译．云南民族大学学报（哲学社会科学版），2017（1）．

［213］乔恩·贝莱斯．凯瑟琳·罗滕贝格：新自由主义女性主义［J］．贺羡，吴敏，译．国外理论动态，2019（10）．

［214］妮娜·贝文．当代挪威福利国家中的性别平等及针对已婚育女性的政策［J］．李淑君，译．公共行政评论，2013（3）．

[215] CAIN P. A. Feminism and the Limits of Equality [J]. Georgia Law Review, 1990, Vol. 24, Summer.

[216] CRISTOFAR I. S. Blood, Water and the Impure Woman: Can Jewish Women Reconcile between Ancient Law and Modern Feminism [J]. Southern California Review of Law and Women's Studies, 2001, Vol. 10, Spring.

[217] NUSSBAUM M. C., ARISTOTLE. Feminism and Needs for Functioning [J]. Texas Law Review, 1992, Vol. 70, March.

[218] NUSSBAUM M. C. Human Rights and Human Capabilities [J]. Harvard Human Rights Journal, 2007, Vol. 20.

[219] NUSSBAUM M. C. Reply to Diane Wood, Constitutions and Capabilities: A (Necessarily) Pragmatic Approach [J]. Chicago Journal of International Law, 2010, Vol. 10, Winter.

[220] NUSSBAUM M. C. Rawls's Political Liberalism: A Reassessment [J]. Ratio Juris, 2011, Vol. 24, March.

[221] ASCH A. Critical Race Theory, Feminism and Disability: Reflections on Social Justice and Personal Identity [J]. Ohio State Law Journal, 2001, Vol. 62.

[222] SPIROPOULOS A. C. Aristotle and the Dilemmas of Feminism [J]. Oklahoma City University Law Review, 1993, Spring.

[223] LITOWITZ D. E. Postmodern Philosophy & Law: Rorty, Nietzsche, Lyotard, Derrida, Foucault [J]. University Press of Kansas, 1997.

[224] FISS O. M. What is Feminism [J]. Arizona State Law Journal, 1994, Summer.

[225] FRANKE K. M. Theorizing Yes: An Essay on Feminism, Law and Desire [J]. Columbia Law Review, 2001, January.

[226] SCHROEDER J. L. Feminism Historicized: Medieval Misogynist Stereotypes in Contemporary Feminist Jurisprudence [J]. Iowa Law Review, 1990, July.

[227] SCALES A. Law and Feminism: Together in Struggle [J]. University of Kansas Law Review, 2003, February.

[228] ANDREWS P. E. Globalization, Human Rights and Critical Race Feminism: Voices from the Margins, Journal of Gender [J]. Race and Justice, 2000, Vol. 3, Spring.

[229] HILAL L. What is Critical Race Feminism [J]. Buffalo Human Rights Law Review, 1998.

[230] WILLIAMS W. W. The Equality Crisis: Some Reflections on Culture, Courts and Feminism [J]. Women's Rights Law Reporter, 1992, Spring - Fall.

[231] KARLAN P. S., ORTIZ D R. In a Diffident Voice: Relational Feminism, Abortion Rights and the Feminist Legal Agenda [J]. Northwestern University Law Review, 1993, Spring.

[232] TURNIER W. J., CONOVER P J, LOWERY D. Redistributive Justice and Cultural Feminism [J]. American University Law Review, 1996, June.

[233] BRAND - BALLARD J. Reconstructing Mackinnon: Essentialism, Humanism, Feminism [J]. Southern California Review of Law and Women's Studies, 1996, Fall.

[234] BECKER M. Patriarchy and Inequality: Towards a Substantive Feminism [J]. University of Chicago Legal Forum, 1999.

[235] BARLETT K. T. Mackinnon's Feminism: Power on Whose Terms [J]. California Law Review, 1987, July.

[236] ALBISTON C. , BRITO T. , LARSON J. E. Feminism in Relation [J]. Wisconsin Women's Law Journa, 2021, Spring.

[237] EPSTEIN R. A. Liberty, Patriarchy and Feminism [J]. University of Chicago Legal Forum, 1999.

[238] KOPPELMAN A. Feminism and Libertarianism: A Response to Richard Epstein [J]. University of Chicago Legal Forum, 1999.

[239] DORAN T. Feminism or Humanism [J]. Yale Law Journal, 1998, June.

[240] RHODE D. L. Feminism and the State [J]. Harvard Law Review, 1994, Vol. 107, April.

[241] RICHARDS J. R. Feminism and Equality [J]. Journal of Contemporary Legal Issues, 1998, Spring.

[242] FINEMAN M. A. Fatherhood, Feminism and Family Law [J]. McGeorge Law Review, 2001, Summer.

[243] HIGGINS T. E. Democracy and Feminism [J]. Harvard Law Review, 1997, June.

[244] COONS J. E. Beyond Feminism [J]. American Journal of Jurisprudence, 1996.

[245] WILLIAMS S. H. Review Essay: Utopianism Epistemology and Feminist Theory [J]. Yale Journal of Law and Feminism, 1993, Spring.

[246] JOHNSON B. The Postmodern in Feminism [J]. Harvard Law Review, 1992, Vol. 105, March.

[247] WELLS C. P. Pragmatism, Feminism and the Problem of Bad Coherence [J]. Michigan Law Review, 1995, May.

[248] SCHROEDER J. L. History's Challenge to Feminism [J]. Michigan Law Review, 1990, May.

[249] PATTERSON D. Postmodernism, Feminism and Law [J]. Cornell Law Review, 1992, January.

[250] NOURSE V. The "Normal" Successes and Failures of Feminism and the Criminal Law [J]. Chicago - Kent Law Review, 2000.

[251] SHERWIN E. L. The Limits of Feminism [J]. Journal of Contemporary Legal Issues, 1998, Vol. 9, Spring.

[252] WILLIAMS J. Is Law an Art or a Science: Comments on Objectivity, Feminism and Power, American University Journal of Gender [J]. Social Policy and the Law, 1999, Summer.

[253] THURSCHWELL A. At the Heart of Freedom: Feminism, Sex and Equality [J]. Rutgers Law Review, 1999, Spring.

[254] TASLITZ A. E. What Feminism Has to Offer Evidence Law [J]. Southwestern University Law Review, 1999.

[255] WIGGINS M. J. Foreword: The Future of Intersectionality and Critical Race Feminism [J]. Journal of Contemporary Legal Issues, 2001, Vol. 11.

[256] SEARLES J. Sexually Explicit Speech and Feminism [J]. Revista Juridica Universidad de Puerto Rico, 1994.

[257] AUSTIN R., SCHNEIDER E. M. Mary Joe Frug's Postmodern Feminist Legal Manifesto Ten Years Later: Reflections on the State of Feminism Today [J]. New England Law Review, 2001,

Fall.

[258] CHANDLER C. Race, Gender and the Peremptory Challenge: A Postmodern Feminist Approach [J]. Yale Journal of Law and Feminism, 1995, Vol. 7.

[259] RADIN M. J. Reply: Please be Careful with Cultural Feminism [J]. Stanford Law Review, 1993, July.

[260] QUINN K. L. Mommy Dearest: The Focus on the Family in Legal Feminism [J]. Harvard Civil Rights – Civil Liberties Law Review, 2002, Summer.

[261] GUNNING I. R. Global Feminism at the Local Level: Criminal and Asylum Laws Regarding Female Genital Surgeries, Journal of Gender [J]. Race and Justice, 1999, Fall.

[262] WING A. K., WILLIS C. A. From Theory to Praxis: Black Women, Gangs and Critical Race Feminism [J]. African – American Law and Policy Report, 1999, Vol. 4, Fall.

[263] FISS O. M. Freedom and Feminism [J]. Georgetown Law Journal, 1992, August.

[264] OLSEN F. Feminist Theory in Grand Style [J]. Columbia Law Review, 1989, June.

[265] BAER S. A Different Approach to Jurisprudence: Feminism in German Legal Science, Legal Cultures and the Ambivalence of Law [J]. Cardozo Women's Law Journal, 1996.

[266] YOUNG C. The New Madonna/Whose Syndrome: Feminism, Sexuality and Sexual Harassment [J]. New York Law School Law Review, 1993.

[267] PICKERING J. D. Feminism, Sexual Distinctions and the

Law [J]. Harvard Journal of Law and Public Policy, 1995, Spring.

[268] HOFFMAN E. Feminism, Pornography and Law [J]. University of Pennsylvania Law Review, 1985, January.

[269] CRAIN M. Feminism, Labor and Power [J]. Southern California Law Review, 1992, May.

[270] OBIORA L. A. Feminism, Globalization and Culture: After Beijing [J]. Indiana Journal of Global Legal Studies, 1997, Vol. 4, Spring.

[271] VOLPP L. Feminism versus Multiculturalism [J]. Columbia Law Review, 2001, Vol. 101, June.

[272] OLSON S. M., BATJER C. Competing Narratives in a Judicial Retention Election: Feminism versus Judicial Independence [J]. Law and Society Review, 1999.

[273] HITCHENS D. Feminism in the Nineties: Coalition Strategies [J]. Yale Journal of Law and Feminism, 1991, Fall.

[274] KENDALL R. O. Viable Asylum Theory: Feminism as Political Opinion [J]. Orange County Lawyer, 1999, April.

[275] MALTI-DOUGLAS F. As the World or Dare is Say the Globe Turns: Feminism and Transnationalism [J]. Indiana Journal of Global Legal Studies, 1996, Fall.

[276] GAVISON R. Feminism and the Public/Private Distinction [J]. Stanford Law Review, 1992, Vol. 45, November.

[277] RESNIK J. Introduction: Feminism and the Courts [J]. Southern California Review of Law and Women's Studies, 1993, Spring.

[278] WILLIAMS J. C. Feminism and Post-structuralism [J].

Michigan Law Review, 1990, May.

[279] BYNUM C. L. Feminism and Pornography: A New Zealand Perspective [J]. Tulane Law Review, 1991, May.

[280] DICKERSON C. M. Feminism and Human Rights [J]. Women's Rights Law Reporter, 2001, Spring.

[281] AMAN A. C., Jr. Introduction: Feminism and Globalization: The Impact of the Global Economy on Women and Feminist Theory [J]. Indiana Journal of Global Legal Studies, 1996, Vol. 4, Fall.

[282] BARTLETT K. T. Feminism and Family Law [J]. Family Law Quarterly, 1999, Fall.

[283] LEVIT N. Defining Cutting Edge Scholarship: Feminism and Criteria of Rationality [J]. Chicago - Kent Law Review, 1996.

[284] PERRY T. L. Family Values, Race, Feminism and Public Policy [J]. Santa Clara Law Review, 1996, Vol. 36.

[285] LEE L. Fact's Fantasies and Feminism Future: An Analysis of the Fact Brief's Treatment of Pornography Victims [J]. Chicago - Kent Law Review, 2000.

[286] LOPEZ A. S. Ethnocentrism and Feminism: Using a Contextual Methodology in International Women's Rights Advocacy and Education [J]. Southern University Law Review, Special Edition 2001.

[287] CARBONE J. R. Economics, Feminism and the Reinvention of Alimony: A Reply to Ira Ellman [J]. Vanderbilt Law Review, 1990, October.

[288] ARMOUR J. Critical Race Feminism: Old Wine in a New Bottle or New Legal Genre [J]. Southern California Review of Law and Women's Studies, 1998, Spring.

[289] AUDAIN L. Critical Legal Studies, Feminism, Law and Economics and the Veil of Intellectual Tolerance: A Tentative Case for Cross – jurisprudential Dialogue [J]. Hofstra Law Review, 1992, Summer.

[290] PADILLA A. L., WINRICH J J. Christianity, Feminism and the Law [J]. Columbia Journal of Gender and Law, 1991.

[291] BRYDEN D. Between Two Constitutions: Feminism and Pornography [J]. Constitutional Commentary, 1985, Winter.

[292] COPPI M., JOOS B., STEIDL I. Between Legal Studies and Feminism [J]. Cardozo Women's Law Journal, 1996.

[293] CRAIN M. Between Feminism and Unionism: Working Class Women, Sex Equality and Labor Speech [J]. Georgetown Law Journal, 1994, Vol. 82, July.

[294] LEE R. A Look at God, Feminism and Tort Law [J]. Marquette Law Review, 1992, Winter.

[295] GROSS E. Plus ca Change...? The Sexual Structure of Occupations Over Time [J]. Social Problems, 1968, Vol. 16.

[296] WOLTHUIS B. A Political Realist Notion of Public Reason [J]. Netherlands Journal of Legal Philosophy, 2016, Vol. 45.

[297] TOWFIGH E. V. Rational Choice and Its Limits [J]. German Law Journal, 2016, Vol. 17.

五、报纸中析出的文献

[1] 杨佳. 微信使用的性别差异及性别气质融合趋势［N］. 中国妇女报，2018-06-26（5）.

[2] 钟晓慧. 代际公平优先性别公平［N］. 深圳特区报，2012-02-07（B11）.

[3] 胡洋. 消除家庭暴力，还得靠法治［N］. 环球时报，2019-11-27（15）.

[4] 张媛，朱琳. 法律不能对性暴力视若无睹［N］. 法制日报，2015-09-10（3）.

六、电子资源

[1] 中国妇女研究网. 第四次联合国世界妇女大会《行动纲领》［EB/OL］.［2019-11-12］. http：//www.wsic.ac.cn/internalwomenmovementliterature/71263.htm.

[2] 梧桐果. 2018校招女性求职报告：本科"阴盛阳衰"严重，毕业生更爱新兴行业［EB/OL］.（2018-08-21）［2020-01-11］. https：//www.wutongguo.com/report/108.html.

[3] 梧桐果. 2018毕业生男女就业现状分析：学历越高性别薪资差异越明显［EB/OL］.（2018-07-19）［2020-01-11］. https：//www.wutongguo.com/report/93.html.

[4] 中国人大网. 消除对妇女一切形式歧视公约［EB/OL］.［2020-05-28］. http：//www.npc.gov.cn/wxzl/wxzl/2000-12/26/content_1211.htm.

[5] 中国网. 中国妇女发展纲要（2011—2020年）全文

[EB/OL].［2020－06－01］.http：//www.china.com.cn/policy/txt/2011－08/08/content_23160230.htm.

［6］中国网.第三期中国妇女社会地位调查主要数据报告［EB/OL］.（2011－10－21）［2020－06－04］.http：//www.china.com.cn/zhibo/zhuanti/ch－xinwen/2011－10/21/content_23687810.htm.

［7］北京为平妇女权益机构.上海市人身安全保护令核发情况初探［EB/OL］.（2020－03－08）［2020－06－11］.http：//www.equality－beijing.org/newinfo.aspx?id＝78.

后　记

这本书是在我的博士学位论文基础上整理、修改之后形成的。因此，首先要感谢在读博期间教导、关心我的各位师长，他们是我的导师李桂林教授、师母余红老师；在博士论文选题过程中帮助过我的马姝副教授；在论文开题和预答辩过程中给我提供过宝贵修改意见的何明升教授、马长山教授、宋方青教授、苏晓宏教授、谢海定研究员、张志铭教授以及章志远教授（按姓名首字母排序）；在读博过程中指导、关心过我的陈金钊教授、韩旭至副研究员、陆宇峰研究员、吕玉赞助理研究员、张文龙助理研究员（按姓名首字母排序）以及其他各位师长。

其次，感谢在本书出版过程中为我提供过帮助的曹俊金副教授，以及以彭小华先生为代表的知识产权出版社的各位编辑老师和其他相关工作人员。

最后，我要把我最诚挚的谢意送给我的父亲、母亲。辞职、读博是我迄今为止的人生中最重大的决定之一。原以为辞职前和读博期间的那些经历会令我终生铭记，可事实证明，我大概率是个"健忘"的人——许多事情已经开始变得印象模糊。这或许并不令人遗憾。"去日不可追，来日犹可期。"感谢你们一直以来对我的包容。我由衷地希望你们能够永远平安健康、欢愉无忧。

谨以此书恭贺双亲花甲寿辰。

癸卯兔年元夕